AF138054

Arbeitshilfe Religion
Grundschule
NEU

Anfangsunterricht und Basisbeiträge
für die Klassen 1–4

Erarbeitet von Brigitte Zeeh-Silva

Calwer Verlag Stuttgart

Danksagung

Einen herzlichen Dank für alle Impulse und Inspirationen an Margarete Hoppe, Heide Meyer, Maren Spachmann, Regine O'field, Jörg Wolfer und an Angelica Guckes für alle Illustrationen und für eine wunderbare Zusammenarbeit!

Quellennachweise für Texte, Lieder und Bilder sind an Ort und Stelle angebracht.
Leider war es nicht möglich, alle Urheber/innen zu ermitteln. Betroffene Inhaber/innen von urheberrechtlichen Ansprüchen bitten wir sich beim Verlag zu melden.

Abkürzungen und Symbole

*	Diese Methode wird im »Kleinen Methodenkompendium« im 1. Halbband der »Arbeitshilfe Religion Grundschule NEU 1./2. Schuljahr« ausführlich beschrieben.
✣	Impulse für das Schulcurriculum und Fächer verbindenden Unterricht

AHR	Arbeitshilfe Religion Grundschule, Bd. 1–4, Calwer Verlag, Stuttgart 1993–2003
BB	Bodenbild
EG	Evangelisches Gesangbuch
f.	farbig, in Farbe
K	Kräfteschulung
L	Lehrerin/Lehrer
LB	Liederbuch zur Arbeitshilfe Religion Grundschule NEU
LJ	Liederbuch für die Jugend, Gütersloher Verlagshaus, 22. Auflage
M	Material
P	Phantasiereise
R	Ritual
SuS	Schülerinnen und Schüler

Hinweis zu den Liedern

In den »Arbeitshilfen Religion Grundschule NEU« werden zahlreiche Lieder mit Bewegungsimpulsen empfohlen, die in unterschiedlichen Liederbüchern und Materialien zugänglich sind. Lieder, die für die Umsetzung der Unterrichtsvorschläge von besonderer Bedeutung sind, finden sich im Anhang der jeweiligen Bände. Außerdem wird es ein »Liederbuch« (LB) zur »Arbeitshilfe Religion Grundschule NEU« geben, in dem die Lieder sämtlicher Bände (1. bis 4. Schuljahr) zusammengefasst sind. Dieses Liederbuch ist in Vorbereitung und erscheint im Herbst 2010.

Bibliografische Information der Deutschen Bibliothek
Die Deutsche Bibliothek verzeichnet diese Publikation in der Deutschen Nationalbibliografie;
detaillierte bibliografische Daten sind im Internet unter *http://dnb.ddb.de* abrufbar.

ISBN 978-3-7668-4074-5

© 2009 Calwer Verlag Stuttgart
Alle Rechte vorbehalten.
Wiedergabe, auch auszugsweise,
nur mit Genehmigung des Verlags.
Herstellung: Karin Klopfer, Calwer Verlag
Umschlaggestaltung: Rainer E. Rühl, Alsheim
Notensatz: Ernst Kortkamp, Maubach
Zeichnungen: Angelica Guckes, Leinfelden-Echterdingen
Satz: Maja Vatralj, Stuttgart
Druck und Verarbeitung: AZ Druck und Datentechnik, Kempten

Internet: www.calwer.com
Email: info@calwer.com

Inhalt

Vorwort

Die Unterrichtseinheit »Anfangsunterricht« bildet zusammen mit den »Basisbeiträgen« einen gesonderten Band, der über den eigentlichen Anfangsunterricht hinausreichende didaktisch-methodische Impulse anbietet und explizit die im Bildungsplan 2004 benannten »Übergreifenden Kompetenzen« im Blick hat.

Der Begriff der Erfahrungsorientierung bezieht sich auf die Anbahnung von Erlebnismomenten innerhalb des Unterrichts, welche im »Deutekontext Religion« als religiöse (spirituelle) Erfahrung für die Kinder greifbar wird und zu einer eigenen Glaubensentwicklung, zu Selbststärkung und innerer Aufrichung (Salutogenese) des ganzen Menschen beitragen kann. Intention aller Beiträge ist es, das Grundschulkind in seinem Kindsein wahrzunehmen, und eine ganzheitliche Lernumgebung für ein religiöses Lernen zu eröffnen. Die einzelnen Methoden gehen über die »Kopf-Herz-Hand«-Orientierung hinaus und erweitern das subjektbezogene Lernangebot um das Spektrum der kindlichen »Ganzkörperlichkeit«, sichtbar zum Beispiel im Begriff vom »Körperhaus« sowie der Gewahrsamkeit von »Innen« und »Außen«.

Das Kind wird nicht nur in seiner Präsenz als »Schulkind« betrachtet (meist sitzend am oder agierend um die im Raum angeordneten Tische und Stühle eines Klassenzimmers), sondern vielmehr als ein »Erfahrungs- und Handlungswesen«, welches sich permanent in einer Art eigendynamischem Lern- und Erlebnisprozess mit hohem sensomotorischem Aktivitätsstreben be- und empfindet (zu diesem Spektrum gehört auch die Erfahrung von Stille und das Streben nach Ausdrucksfähigkeit).

Dass sich kindliches Lernen und insbesondere religiös-spirituelles Lernen primär auf emotionaler, interaktiver Ebene anbahnt und die »Magie« der sich öffnenden Lernfenster (auch auf der sich permanent weitenden, kognitiven Ebene) mit dem Faktor einer vertrauens- und liebevollen Lernumgebung gekoppelt ist, ist durch die Gehirn- und Lernforschung belegt und bildet die didaktische Linie dieses Bandes.

Alle Beiträge eignen sich sowohl für die ersten Unterrichtswochen und -monate als auch für situations- und prozessorientiertes Unterrichten. Die Unterrichtsideen sind so angelegt, dass sie auch einzeln und punktuell innerhalb der ersten vier Schuljahre angewendet werden können.

Der RU findet durch das reichhaltige Spektrum an Methoden (siehe: Kleines Methodenkompendium, in: AHR NEU 1./2. Schuljahr, 1. Halbbd., S. 26–43), Kräfteschulungen (K), Ritualen (R), Basisbeiträgen (B) und anderem mehr eine Weitung, die einen »Lernraum Religion« im Sinne eines Übungs- und Interaktionsraumes für die Entwicklung von christlicher Orientierungs- und Handlungskompetenz zu eröffnen vermag.

Brigitte Zeeh-Silva
PTZ Stuttgart-Birkach

Dynamik und Stille – erlebnisorientierte Elemente für einen spirituellen Bildungsprozess in der Grundschule

»Tue deinem Leib Gutes, damit deine Seele Lust bekommt, bei dir zu wohnen!«

(Teresa von Avila)

Wenn im Folgenden von ›Dynamik‹ und von ›Stille‹ gesprochen wird, so handelt es sich dabei um eine dem Kind entsprechende Lernumgebung innerhalb des Lernraumes Religion. In dieser kann sich das Kind körperlich und seelisch sowohl in einem kontinuierlichen Fluss von Körperhaltungs- und Bewegungsveränderung als auch in einem Fluss von Inspirations- und Ausdrucksveränderung erfahren.

Eine Lernumgebung dieser Art eröffnet dem Kind aufnehmendes Tun durch aktive Mitgestaltung (Information), und selbstgesteuertes, ausgebendes Tun (Informationsverarbeitung und -vertiefung). Eine freie und individuelle Kreativität kann maßgeblich zur Selbstwerdung, Identitätsbildung und spirituellen Entwicklung und Reifung des einzelnen Kindes beitragen. Dieser Lern- und Bewegungsfluss spielt zwischen den Polen Dynamik und Stille, zwischen sehr belebten, dynamischen Unterrichtsphasen (entdeckender wie nachahmender Ausdruck, freies Spiel, Rhythmus und Gestaltung) wie auch sehr stillen Phasen, in welchen das Kind in die eigene Stille mit Gott tritt und sich in das sog. ›Stille Schaffen‹ hineingeben und mit den eigenen, intrinsischen Beweggründen verbinden kann, um zu einem authentischen Selbstausdruck zu gelangen (Imagination, Phantasie, Bild- und Gebetsentstehung).

Diese Gewährleistung der Freiheit kindlicher Lerndynamik kennzeichnet eine ›Dynamische Klassen- und Unterrichtskultur‹. Eine solche ist sowohl die unabdingbare Voraussetzung für die Anbahnung einer hohen methodischen Kompetenz des einzelnen Kindes als auch eine selbstgesteuerte und vertiefte ›spirituelle Kompetenz‹ auf dem Weg zu einer reifen Religiosität.

1 Das Recht des Kindes auf Bewegung

Jedes Kind hat ein Recht darauf, als ganzes Kind, als sich bewegendes, durch und durch lebendiges und lebensfreudiges Kind zu leben und zu lernen. Das Wesen des Kindes ist gekennzeichnet durch Bewegung und Dynamik. Kinder verarbeiten äußere Eindrücke, welche sie durch die Sinne gleichsam ›einatmend‹ aufnehmen (visuelle, auditive, taktile, olfaktorische und gustatorische Impulse), durch körperliche Expressivität, die in Gespräch, Spiel, produktiver Tätigkeit Gestalt werden. Diese gestaltende Tätigkeit entspricht einer ›Ausatmung‹ und bildet zusammen mit der vorausgehenden ›Einatmung‹ (Aufnahme von Information) einen natürlichen Rhythmus kindlichen Erlebens. Das Kind lebt in einem Fluss von Impression und Expression. Ein Beispiel mag dies verdeutlichen: Wir bringen den Kindern einen Objekt-Impuls mit in den Unterricht – beispielsweise eine kleine Dinosaurier-Figur. Allein beim Anblick dieser kleinen Figur verändert sich die Körperspannung der Kinder und eine durch Assoziationen provozierte Wachheit und Aufmerksamkeit durchströmt die Muskulatur – der kindliche Körper ›erwacht‹, das Kind tritt ein in seine unvergleichliche, Freude und Neugier ausstrahlende Präsenz. Als Lehrende nehmen wir wahr: Die Kinder werden ›unruhig‹, ihre Bewegungslust und Darstellungsfreude (Imitationsbewegung und Spiellust) sind geweckt und streben nach Ausdruck. Ad hoc sind die Kinder bereit, in ein Spiel einzusteigen, dessen Thematik natürlich die Welt dieser Giganten der Vorzeit ist, welche das vorhandene Fachwissen und Vorwissen der Kinder als auch spielerische Ideen zu entfachen vermag.

Dieses ›Aufwachen‹ und spielend sich bewegen, agieren und schaffen wollen stellt den Beginn der aktiven Unterrichtsbeteiligung der Kinder dar und wird im Kontext schulischen Unterrichts häufig als ›bedrohlich‹ unruhig wahrgenommen: sowohl der klassische Unterricht als auch die Lehrperson erfährt Beunruhigung, da die Kontrolle über so viel sich steigernde Dynamik der Klasse verloren gehen könnte. Diese Weise des Unterrichts ist gekennzeichnet von Lernenden, die sich vorwiegend als Zuhörende, als passiv Aufnehmende empfinden, gleich Unwissenden, welche in einer Art Trichterfunktion Unterrichtsinhalte aufnehmen. Im Kontrast hierzu wird im Neuen Bildungsplan das Kind als »selbst entdeckendes ... und den Lernweg aktiv mitgestaltendes und handlungsfähiges« Wesen erachtet, »... dessen aktive Aufmerksamkeit und Neugier für eine ununterbrochene Lernbereitschaft es zu wecken gilt.«[1]

---

1 Bildungsplan 2004 Grundschule, Baden-Württemberg, Ministerium für Kultus, Jugend und Sport, S. 11ff.

1.1 Die ungebrochene Einheit von Bewegung, Emotion und Intuition

Das Kind ist durch seine Bewegtheit und Beweglichkeit noch sehr stark mit seinem Fühlen und seiner Intuition verbunden, gleichsam noch eine Einheit von Körper, Geist und Seele. Kinder haben die Fähigkeit, in den Geschehnissen der äußeren Welt die dazugehörende Realität der inneren, spirituellen Welt zu erleben. Es zeigt sich darin eine tiefe Übereinstimmung der beiden Welten, an denen wir teilhaben. Dadurch befinden sie sich (noch) in einer Einheit mit sich selbst, gleichsam als einer Erlebensfreiheit, die uns Erwachsenen abhanden gekommen ist. Erwachsensein bedeutet häufig den Verlust spontanen Fühlens und Reagierens infolge konditionierten Ver-Haltenseins. Wenn die Bewegung das Lebens- und Lernelement des Kindes ist, sollten wir genau dort ansetzen. ›Das Kind dort abholen, wo es steht‹ – bzw. dort, wo es sich bewegt. Wenn wir Jesus ernst nehmen in seiner Aussage, so zu werden wie die Kinder, so fordert dies von uns sowohl eine erneute Betrachtung des Kindes als auch die Hinwendung zu unserem eigenen, inneren Kind, welches zu einer offenen und tieferen Dialogfähigkeit mit den Kindern an der Schule befähigen kann. Die Bewegung entspricht gleichsam einem göttlichem Geschenk des Kindseins, einer Quelle von Lebenslust und Lebensfreude. So sind wir angehalten, dorthin zu gehen, wo das Kind ist, und zu lernen von der kindlichen Lebens- und Lerndynamik! Wo wir vorbeiagieren und zu früh kognitiv ansetzen, arbeiten wir vorbei an den Lernfenstern der Kinder. Wo die Bewegungslust des Kindes in kindfremden Stillhaltepositionen über lange Zeitspannen gebannt wird, geschieht im Grunde ein Verbrechen am Kind. Es lernt, sich zu verhalten, was unweigerlich zu guten, aber auch zu ungesunden Formen von Verhaltenheit konditionieren kann. Permanentes ›Fremdbeschäftigtsein‹ (Lerninhalte, Erwartungshaltungen, Aufgabenstellungen) kann zu Dissoziationen im Kind führen, einem sukzessiven Sich-Entfremden vom eigenen intuitiv-emotionalen Seelen- und Seinsgrund. Komplexe organische Selbstregulationsmechanismen des Kindes werden durch Bewegungsmangel und durch Mangel an wirklicher Eigenkreativität übergangen und bewirken ein inneres Ungleichgewicht und tiefe Verunsicherung im Kind. Bewegung ist das vom Kind selbstgesteuerte Ventil, durch welches es intuitiv Körper, Seele und Geist in Einklang zu bringen versucht.

RU sollte sich in die Bewegungs- und Gestaltungsweise der Kinder einfügen, nicht das Kind in die Lern- und Denkstruktur von uns Lehrenden. Religiöses Wissen kann somit zum dynamischen Erfahrungswissen der Kinder werden. ›Wir profitieren doppelt, wenn wir Bewegung mit Lernen verbinden.‹[2]

1.2 Entwicklungspsychologische Aspekte

Entwicklungspsychologisch befindet sich das Grundschulkind nach Erikson in der emotionalen Ambivalenz zwischen Schuldgefühl und Werksinn[3], d.h. zwischen dem Wunsch, aktiv tätig zu sein, und der Angst, zu versagen und Fehler zu machen. Insbesondere die Kinder der Schulanfangsjahre stehen in sehr hoher Autoritätsbindung an die jeweiligen Klassenlehrer/innen und im ständigen Bestreben, alles richtig machen zu wollen. Gefühle von Verängstigung und Verunsicherung wechseln sich kontinuierlich ab mit Gefühlen von Erfolgen und Schaffensfreude. Die Selbstbestätigung, welche kreatives Schaffen zu vermitteln vermag, hängt in höchstem Maße mit der Selbstwertschätzung und der Selbstliebe des Kindes zusammen. Psychologisch betrachtet sind wir als Lehrende das Zünglein an der Waage des kindlichen Selbstwertgefühles in der Weise, in welcher wir für das Kind innerhalb unseres Unterrichts positive oder negative Lern- und Erfahrungsräume eröffnen. Verweigern wir dem Kind einen kindgemäßen Zugang zu unseren Lerninhalten, verhindern wir die potentielle aktive Beteiligung der Kinder während des Lernprozesses und damit die Entwicklung von Methoden- und vielen anderen Kompetenzen. Ergebnis mangelnder Unterrichtsbeteiligung und -mitbestimmung sind nicht nur der Verlust von Lernfreude, Neugier und Lernerfolg, sondern im schlimmsten Falle ein angepasstes, fremdbestimmtes Schulkind, dissoziiert vom eigenen Seelengrund, abgeschnitten vom natürlichen Fluss zwischen Kognition und Emotion, Herz und Verstand. Für das religiös-spirituelle Lernen bedeutet dies eine bedauernswerte Verengung ganzheitlicher Lernzugänge, welche eine differenzierte Wahrnehmung von Realität und Symbol verunmöglicht und vor allem eine Entwicklung von tiefenschichtigem Lernvermögen und die Entfaltung einer reifen, individuellen Spiritualität erschwert. Schließen wir die Körperlichkeit des Kindes aus, verschließen wir den größten und maßgeblichsten Teil kindlicher Erfahrungs- und Lernzugänge. An dieser Stelle ein weiteres Zitat aus dem Bildungsplan[4] (Didaktische und Methodische Prinzipen): ›Der Erfolg des veranstalteten Lernens ist stark von einer sinnvollen Rhythmisierung abhängig – einem Wechsel von Konzentration und Gelassenheit, von Aufnahme und Wiedergabe, von körperlich-sinnlicher und geistiger Beanspruchung.‹

---

2 Ludwig Koneberg, Silke Gramer-Rottler, Das bewegte Gehirn, 7 Körperübungen für clevere Kinder, Ein Ratgeber bei Lern- und Verhaltensschwierigkeiten, München 2004.

3 Bernhard Grom, Religionspädagogische Psychologie, Düsseldorf 2000.

4 Bildungsplan 2004, S. 7, 8. Punkt.

1.3 Ganzheitliches spirituelles Lernen im RU
Und die Frage: Was ist religiöse Kompetenz?

Die Antwort auf diese Frage wurzelt zunächst in einer weiteren, vorausgehenden und grundlegenden Frage: Was ist eigentlich religiöses Lernen? Wie können Kinder Spiritualität lernen und erfahren, wie können sich religiöse Fertigkeiten, Kenntnisse und Haltungen entwickeln? Allein beim Lesen folgender Kompetenz ›Die Schülerinnen und Schüler *kennen* die Glaubensaussage, dass sie und alle Menschen so, wie sie sind, von Gott geliebt werden‹[5] sind wir aufs Engste konfrontiert mit unseren eigenen religionspädagogischen Kompetenzen als Lehrende. Wie definieren wir den Begriff ›kennen‹? Ist ›kennen‹ zugleich ›wissen‹? Und: Zu welchem Grad ›wissen‹ die Kinder, dass ...‹? Hier taucht das Stichwort ›Niveaukonkretisierung‹ auf. Die wirkliche methodisch-didaktische Aufgabe lautet m.E. nicht nur, wie sag' ich's meinem Kinde, dass es von Gott geliebt ist, sondern vielmehr: Wie wird es für das Kind spürbar, dass es von Gott geliebt ist? Und darüber hinaus: Wie kann sich aus diesem inneren Wissen heraus eine entsprechende Lebenshaltung entwickeln, die geprägt ist von einer Liebe zum Menschen? Eine Frage der religiösen Erfahrung also, ein Schlüsselbegriff innerhalb der Religionspädagogik überhaupt. Wenn Erfahrungen persönlich zugeordnete Erlebnisse sind, kann RU zum Raum für Erlebnisse werden, welche zur religiösen Erfahrungen reifen können.

»Auch historisch und genetisch gilt: Religiöse Erfahrung ist der Ursprung jeder Religiosität. Die religiöse Entwicklung ist generell die (auch implizite) Verarbeitung von Vorerfahrungen. Kein anderer Bereich des menschlichen Lebens ist so sehr an Erfahrungen gebunden wie die Religion! Darum kann Religion auch nur sehr eingeschränkt als Faktenwissen und über kognitive ›Informationen‹ gelernt und verstanden werden.«[6]

Wenn wir das Kind unter diesem Gesichtspunkt betrachten, ist es durch und durch ein ›dynamisches Erlebnis- und Erfahrungswesen‹, dessen religiöses Wissen sich über Momente der Erfahrung bildet. Der RU sollte somit als ein spiritueller Erlebnis- und Erfahrungsraum für die Kinder und deren spezifische Lernzugänge eröffnet werden.

Religiöse Kompetenzen (Fähigkeiten, Kenntnisse, Haltungen) werden innerhalb dieser Arbeitshilfen in einer Art ›Dreiklang‹ angelegt und mit den im Bildungsplan genannten ›Übergreifenden Kompetenzen‹[7] verknüpft. Dabei wird deutlich, dass eine präzise Zuordnung dieser übergreifenden Kompetenzen zu einzelnen Unterrichtsinhalten kaum möglich ist, da mit jedem einzelnen Unterrichtsschritt viele dieser Kompetenzen ›synchron‹ berührt werden:

* Bewegung, Körperwahrnehmung und Körperbewusstheit (Unser Körperhaus: Wohnraum der Transzendenz), verschränkt mit einem Symbolverstehen hinsichtlich elementarer alt- und neutestamentlicher Theologie (Personale, Hermeneutische Kompetenz und Sachkompetenz).
* Interaktionsfähigkeit: Einander wahrnehmen in Würde und Achtsamkeit, Entwicklung in selbstgesteuerten methodischen Gestaltungsmomenten, Pflege erster Rituale wie z.B. Gebete und segnende Berührung (Methodische, Soziale, Kommunikative, Ästhetische, Ethische und Personale Kompetenz).
* Raum für die individuelle spirituelle Entwicklung: Erfahrung von Stille und Stillem Schaffen im Sinne einer besonderen Zeit für den inneren Dialog mit dem Transzendenten (Personale, Ästhetische und Hermeneutische Kompetenz).

Auf spielerische Weise kann religiöses Wissen durch Erlebnisprozesse zum Erfahrungswissen der Kinder werden. An dieser Stelle sei auf einzelne Methoden dieses Unterrichtsansatzes hingewiesen: Sowohl alle Basis-Beiträge als auch die Impulse aus der Kräfteschulung, die sie neben anderen erlebnisorientierten Unterrichtsideen im Materialteil des Anfangsunterrichtes dieser Arbeitshilfen finden.

Fragen zum eigenen Unterrichtsstil:
- Wann erlebt sich das Kind in meinem Unterricht als ein körperliches, sinnenfreudiges Wesen?
- Wann sitzt es mit aufrechtem Rücken, wann mit gekrümmtem?
- Wann verändert es maßgeblich seine Haltung (sitzen, stehen, liegen, hocken, ...)
- Wann agiert das Kind?
- Was *tut* das Kind in meinem Unterricht?
- Wann kommt es in Bewegung und zu Freude im Unterrichtsprozess?
- Wann und auf welche Weise erlebt das Kind Momente von Stille?
- Wann kommt das Kind wirklich zur Ruhe?
- Wann kann es sich in Ruhe und Stille seinem Tun hingeben?
- Wann kann das Kind in Ruhe mit Gott sprechen auf seine eigene Weise?
- Wann kann das Kind eigene Gottesvorstellungen und eigene Fragen zum Ausdruck bringen?

2 Stille im RU und die Kunst des ›Flow‹ zwischen Dynamik und Stille

Wenn ich im Folgenden von Stille-Übungen schreibe, so handelt es sich dabei um ein sehr achtsam gelenktes Spiel der kindlichen Energien im Wechsel von sehr bewegt bis sehr ruhig, von sehr schnell bis ganz langsam, von erträglich laut bis sehr leise und von lei-

---

5 Bildungsplan 2004, S. 26, Dimension ›Mensch‹, 2. Kompetenz.
6 Joachim Kunstmann, Religionspädagogik, Tübingen/Basel 2004, S. 174.
7 Bildungsplan 2004, S. 23.

se nach still, von still zur inneren Ruhe des Atems, des Gebetes und des Segens.

Es geht darum, das Kind *sowohl* in die Stille *als auch* in die Dynamik zu führen, andernfalls bestätigen wir die Körperfeindlichkeit des Systems Schule durch Stille-Übungen im Sinne der Stillhaltung kindlicher Bewegungslust zugunsten einer erweiterten kognitiven Trichterfunktion für Lerninhalte, die kaum über die Erlebnisfähigkeit des Kindes erworben, sondern theoretisch vorgearbeitet und lediglich präsentiert werden. Stille ist nicht zu verwechseln mit Stillhalten, sondern besitzt eine eigene Qualität von innerer Wachheit und Wahrnehmungsfähigkeit.

Ein Anliegen des Religionsunterrichtes ist an dieser Stelle, den Unterricht als dynamischen Fluss zu gestalten (›Flow‹), in welchem sich das Kind an Leib, Seele und Geist genährt und beglückt empfindet, so dass es freudig in den Unterricht kommt, denn schon allein die Emotion kindlicher Freude öffnet die Tür zur Seele und zu wirklichen Lernmomenten im Kind.

Stillephasen sollten sich immer im Lot halten mit Bewegungsphasen. Zunächst also ist präzise wahrzunehmen, wann der richtige Zeitpunkt für eine Stillephase ist oder wie der richtige Zeitpunkt eingeleitet werden kann.

Häufig haben sich die Kinder im Vorfeld des Religionsunterrichts noch überhaupt nicht bewegt und schleppen sich noch müde in den Unterricht oder aber das Gegenteil ist der Fall: Die Kinder kommen überdreht aus der Pausensituation und stecken nicht selten in noch ungelösten gruppendynamischen Konfliktsituationen. In beiden Fällen sollten wir in die Bewegung gehen (oder in das klärende Gespräch: Siehe R 5: Feedback-Ritual mit Karten). Im ersten Fall in die aufweckende Bewegung (siehe Basis-Beitrag B 3a u. 3b: Wake Up – Warm Up 1 u. 2), im zweiten Fall in die Bewegung, die aus der Dynamik in die Ruhe und Stille geleitet (siehe B 2: Aus der Dynamik in die Stille).

2.1 Stille und Vertrauen

›Wenn Gott das leiseste ist, was es gibt, und zugleich Sinngrund unseres Tuns, so muss es still sein, um dem wirklichen Leben begegnen zu können. Nicht nur im Reden und Erklären, sondern auch im vernehmenden Schweigen sollte ein jeder Unterricht sein Fundament sehen, will er die Kinder über bloßes Nutz- und Brauchwissen hinausführen‹.[8]

Befähigung zur Stille einüben bedeutet den Weg einer Pädagogik des Vertrauens zu beschreiten. Lerntheorien bestätigen die Tatsache des Lernerfolges infolge einer angstfreien Lernumgebung. Insbesondere das religiöse, spirituelle Lernen bedarf der vertrauensvollen, Beziehung stiftenden Lerngemeinschaft, um eine vertrauende Lebensgrundhaltung im Kinde zu erwecken. Nur auf dieser Basis erwachsen die im Religionsunterricht intendierten Befähigungen zu Kommuni-

kation, Achtsamkeit, gegenseitiger Wahrnehmung, zu Selbstausdruck, freier Kreativität und Methodenkompetenz bis hin zur Mitgestaltung des Lernweges. Vor allem im Anfangsunterricht geht es darum, mit den Kindern Schritte aus der ›sichtbaren Welt‹ in die ›unsichtbare Welt‹ zu gehen und damit den Religionsunterricht als einen Schritt von ›außen‹ nach ›innen‹ erlebbar zu machen. So besteht ein wesentlicher Teil des RU im gemeinsamen Berühren von Seelenqualitäten, derer sich das Kind gleichsam als einer anderen, nämlich religiös-spirituellen Seinsdimension bewusst wird: Die Dimension des Glaubens an Gott und die Dimension des Vertrauens in Gott. Stille bildet innerhalb der Schule für die Kinder ein Kontrastmoment zum Gewahrwerden ihrer selbst: Außer-sich-sein kann sich in ein Bei-sich-sein verwandeln. Erst dadurch kann sich überhaupt eine sowohl dem Kind eigene, reflektierte als auch eine permanent in Entwicklung befindliche Spiritualität reifend sich entfalten und zum freien, kreativen Dialog mit sich selbst und mit Gott führen. Erst durch diese Arbeit mit der Stille und dem Stillen Schaffen findet ein Wahrgenommenwerden für das Kind auf unterschiedlichsten Ebenen des Erlebens und des Könnens statt, welche das Kind zu einer höheren und differenzierten Ausdrucksfähigkeit zu bestärken vermag. Sich im Gebet und in Stille an das wenden zu können, das höher ist als wir selbst und dessen Kraft wir uns anvertrauen können, stellt eine religiöse Kompetenz (Fähigkeit) dar. Die Pflege des Gebetes als eine achtsame, wahrnehmende und aufnehmende Grundhaltung stellt in diesem Sinne keine unterrichtliche Methode dar, sondern sollte ritueller Bestandteil des Religionsunterrichtes werden. Dass sich das Gebet nicht ausschließlich auf die verbal-kognitive Ebene reduziert, sondern sich wie ein Vogel ›einnistet‹ in das Fühlen und Realerleben der Kinder, wird durch die ab 2.3 folgenden Kleine-Schritte-Übungen deutlich. Dabei spielt die Kompetenzorientierung in den Bereichen Imagination, Phantasie, Achtsamkeit, Kommunikation und Wahrnehmung eine tragende Rolle.

2.2 Vom Scheitern der Stille-Übungen

Viele Kolleginnen und Kollegen arbeiten schon seit vielen Jahren und sehr überzeugt mit Übungen der Stille, aber mindestens genauso viele sind daran auch schon schmerzlich gescheitert, da sich ›auffallende‹ Kinder kaum oder gar nicht auf erste Versuche einlassen konnten. Ein solch gutes Vorhaben sollte nicht wegen 3 Kindern, die sich anfangs schwer damit tun, aufgegeben werden, was vollkommen unfair wäre angesichts der 20 (oder mehr) Kinder, die derlei Übungen lieben und schätzen. Ganz speziell die ›auffallenden‹ Kinder (ich nenne sie stets ›bewegungsfreudige Aktivkinder‹) haben dazu beigetragen, die Arbeit mit den Stille-Übungen im Kontext der Schule ›aufzumischen‹ und ein bewegtes Modell mitzu-

---

8 Eva-Maria Bauer, »Bau mir das Haus!« – Fundamente, Säulen und Erfahrungsräume einer Didaktik der Stille, aus: Unterrichtspraxis: Grundschule. Mit Kindern Stille entdecken, S. 42.

entwickeln. Mein innigster Dank gilt diesen uns aufs Schärfste provozierenden Kindern, die uns pädagogisch, psychisch und nervlich herausfordern und in uns die Erziehungskunst erwecken. Wir *sind* keine Pädagoginnen und Pädagogen – wir *werden* erst durch Konfliktsituationen zu solchen. Situationen des Scheiterns lassen sich häufig zurückführen auf a) Überforderung der Kinder mit neuen, ungewohnten Lernmomenten (zu große Erwartungen zu einem verfrühten Zeitpunkt); b) Unklarheiten des Klassenmanagements (wenn klares Auftreten seitens der Lehrenden vermieden wird) c) wenn Lehrende nicht überzeugt sind von der Sache und wenig eigenen Zugang zu sich selbst und zur Stille erlebt haben d) Wenn die Kultur des positiven Feedbacks (Loben) zu schwach ausgeprägt ist.

Stille-Übungen stellen somit einen Weg in unsere eigene pädagogische Einfühlsamkeit dar mit der Intention, gerade die auffallenden Kinder für diese Arbeit des ›Zur-eigenen-Mitte-findens‹ zu gewinnen. Aus Erfahrung kann ich bestätigen, dass gerade diese Kinder die Übungen im Laufe der Zeit herbeiwünschen, weil sie genau darin eine Art Rückkehr zu sich selbst finden können, welche sie, wenn auch nur für eine kleine Zeitspanne, als heil, als gehalten und als vertrauend erleben lässt.

2.3 Kleine Schritte in die Stille – die Kunst der Stille-Übungen

Schritt 1: In der eigenen Stille heimisch werden

Lernen in den ersten beiden Schuljahren besteht vorwiegend in der imitierenden Nachahmung jener Handlungen, welche das Kind für sich als Vorbildhandlung mit einem Menschen verbindet, den das Kind schätzt und für sich (unbewusst) als Vorbild definiert. Weniger das, was die Kinder hören, ist für Kinder Lerninhalt, sondern das, was die Kinder sehen, ist für sie greifbarer Lernstoff und Animation zur Nachahmung. Wer also mit den Kindern in die Stille gehen möchte, sollte den Raum der Stille selbst in sich tragen und alle rituellen Handlungen aus diesem Urgrund der Stille heraus vollziehen. Nur wer das Leben und Erleben, das Wahrnehmen und Sich-Berühren-Lassen aus der Stille vor Gott und vor allem Geschaffenen kennt und schätzt, kann dessen Notwendigkeit gerade für die Kinder unserer Zeit glaubwürdig und eindrücklich vermitteln.

Schritt 2: Go slow!

Zunächst werden kleine Stille-Sequenzen mit den Kindern erprobt und mit dem Einverständnis der Kinder erweitert. Meist beginnt eine Stille-Übung mit der Bereitschaftsfrage an die Kinder. Beispiel: »Meint ihr, wir schaffen diesmal eine halbe Minute Stille?« – »Seid ihr alle bereit dafür?«

Genauso wichtig wie diese Einstiegsfrage sind die an *jede* Stille-Übung sich anschließenden Fragen zur Eröffnung des Gespräches und der Rückmeldungen: »Wie hat es euch gefallen? / Was habt ihr gesehen / gehört? / gefühlt? / gedacht? / Möchtet ihr gerne wieder solch eine Übung machen? / Habt ihr Ideen oder Wünsche für andere Stille-Übungen? ...« An den Rückmeldungen lässt sich leicht der Weg erkennen, wie die nächste Stille-Sequenz aussehen kann und wie nicht. Bitte beachten Sie folgende Basis-Beiträge, welche Ideen für erste Stille-Erfahrungen aufzeigen: B 1: Wir bilden den Kreis / B 6: Kleine Schritte in die Stille.

Schritt 3: Lobendes Feedback!

Bereits nach den ersten Wochen in der Schule zeigen sich bei manchen Kindern erste Frustrationsmomente, die am Selbstwertgefühl des Kindes Abbruch bewirken und sich in Lustlosigkeit äußern. Insbesondere der Religionsunterricht sollte sich dadurch auszeichnen, für die Kinder der Raum der Ermutigung und der Raum der ›Zuflucht‹ zu sein, den die Kinder in ungebrochener Freude besuchen und in dem sie sich empfinden können als angenommen und von uns und von Gott geliebt. So müssen wir unsere Bewertungs-, Beurteilungs- und Konkurrenzstrategien zutiefst hinterfragen und Vertrauen stiftende Unterrichtsmethoden ergreifen, die uns zu Pädagoginnen und Pädagogen machen, die ihre Autorität nicht durch Strafe und Bloßstellen erreichen, sondern durch eine Klarheit der persönlichen Rückmeldung, in welcher sich die Würde eines jeden Kindes spiegelt. Der Unterricht sollte grundsätzlich so angelegt sein, dass sich die Rückmeldung der Lehrenden in Lob äußern kann und die Kinder (wohlverdiente) Bestätigung erfahren. Ein Unterricht, in welchem sich die Kinder durch ein hohes Zuspruchsmaß und in Freude, Spaß und aktivem Mitgestalten erleben, weist die höchste Nachhaltigkeit auf. Für die Stille-Sequenzen ist das Lob nach kleinsten Erfolgen der Schlüssel zum Erfolg. Insbesondere gilt dies für die auffallend aktiven Kinder, die häufig schon früh als ›Störenfriede‹ stigmatisiert (inzwischen als ›krank‹ definiert: ADS-Störung), kaum gewohnt sind, ein Lob überhaupt erwarten zu können. Die ›Endlosschleife‹ von negativen Rückmeldungen und ›Bestrafungsfallen‹, mit denen diesen Kindern leider häufig in der Schule begegnet wird und die sie auch von uns erwarten, sollten von vornherein nicht im RU Fortsetzung finden. RU hält für jedes Kind die Chance bereit, auf eine andere, eine neue Weise gesehen und gewürdigt zu werden, so dass der Weg korrigierender Intervention eher lauten sollte ›Anbieten statt Verbieten‹ (ein proaktiver Erziehungsimpuls von Rudolf Steiner). Erste Intervention kann darin bestehen, diesen Kindern einen Platz in der unmittelbaren Nähe des/der Unterrichtenden anzubieten, um eher Ruhe zu finden. Dieses Anbieten bedeutet in weiteren Schritten, dem betreffenden Kind eine aktive Handlung zu ermöglichen, in welchem es durch seine Aktion Bestätigung erfährt. Auf diese Weise kann destruktives in konstruktives Agieren verändert werden. Still werden zu können stellt für die Kinder zunächst eine neue Anforderung und somit eine besondere Leistung dar, welche mit zunehmender

Erprobung zu einem sehr geschätzten ›Refugium‹ inmitten eines rast- und ruhelosen Schultages werden kann. Haben es also die meisten Kinder in der Anfangsphase erster Erprobungen geschafft, für kurze Zeit still zu werden, sollte L unbedingt lobendes Feedback geben. Ein Beispiel: »Das freut mich! Beinahe alle Kinder haben es geschafft: Ihr seid ganz ruhig geworden. Die meisten haben schon die Augen geschlossen und ich kann spüren, dass sie ganz bei sich wohnen. Vielleicht schaffen es bald alle Kinder?! …«

Schritt 4: Die Augen schließen – ein Zeichen von Vertrauen

Wohl das Ungewöhnlichste und mit der Zeit der liebste Moment für die Kinder: Am hellichten Tag die Augen zu schließen. Den Kindern wird allerdings früh bewusst, dass für das Wahrnehmen der ›Innenweltbilder‹ die ›Äußeren Augen‹ geschlossen sein müssen. Immer wieder gibt es einzelne Kinder, denen es schwer fällt, die Augen zu schließen. Meist helfen Vertrauen stiftende Worte wie »Du kannst ruhig deine Augen schließen, denn ich bin bei dir, und passe auf, dass dich niemand stört.« Oft hilft, in der Nähe des betreffenden Kindes zu stehen und ihm dies zuzuflüstern: »Du musst keine Sorge haben, ich passe auf dich auf …« oder beruhigend die Hand aufzulegen. Dennoch müssen wir Kinder respektieren, deren Leben bereits von Vertrauensverlust und Angst geprägt sind und dies einfach nicht (bzw. noch nicht) können. Sie werden einfach gebeten, einen Platz zu finden, auf welchem ihre Augen schauen können, damit die anderen Kinder sich nicht beobachtet fühlen oder den Blick ›bei sich‹ zu halten. (Siehe Basis-Beitrag B 5: Ich kann dir vertrauen – Ich schließe meine Augen.)

Schritt 5: Signalwahrnehmung und Zeitmanagement

Kleine Schritte zu gehen, tangiert unsere Fähigkeit der Wahrnehmung eines jeden Kindes und die Kunst, mit Stille-Zeit umzugehen. Die Kinder selbst geben uns während einer Stille-Übung permanent Signale, wie viel Stille sie leisten und vertragen können. So sollten wir jedes Zeichen eintretender Unruhe in ihren Anfängen als Signal erkennen und eine Stille-übung zügig dem Ende zuführen – nicht abrupt, sondern in angemessener Zeit. Übersehen wir diese Signale, überschreiten wir die Fähigkeiten der Kinder und die Situation kippt: Die Kinder reagieren genervt statt entspannt und verlieren die Freude an den sich steigernden Übungen.

Achtung: An den Kindern orientiertes Zeitmanagement gestalten, d.h. eher kürzere als zu lange Sequenzen ausprobieren mit dem Ziel, die Kinder wirklich nach jeder Stille-Übung mit einem positiven Feedback bestärken zu können. Es soll den Kindern ein Liebes und Kostbares sein, an dem sie Freude haben und Steigerung erfahren können und wollen. Sie selbst sollen der Motor werden, die Arbeit mit der Stille fortzusetzen. (Anmerkung: Mit einer Anfangs-

klasse kann es bis zu einem halben Jahr dauern, bis wir eine erste Phantasiereise durchführen können mit anschließender Phase ›Stillen Schaffens‹). Stille-Übungen zu praktizieren bedingt eine Klassenkultur, die von Klarheit des Klassenmanagements geprägt ist. Konkret bedeutet dies: Die Fähigkeit der Lehrenden, wirklich jedes Kind im Blickfeld zu haben und beim geringsten Moment der Unaufmerksamkeit auf Seiten der Kinder zu intervenieren, ohne ein Kind dabei bloßzustellen (geprägt von würdevoller Klarheit und liebevoller Zugewandtheit). Von einer Klasse, die beispielsweise (noch) nicht geübt ist in der Primärfähigkeit der Kreisbildung und des Einander-Zuhörens, kann nicht erwartet werden, dass sie plötzlich Stille praktizieren oder gar schätzen kann. Permanent würde die innere Unruhe, Unsicherheit und Unklarheit Irritationsmomente bei einzelnen Kindern verursachen und Störungen geradezu provozieren.

How to start

Konkrete Schritte in die Stille und einzelne Übungs-Sequenzen für den RU finden Sie in den folgenden Basisbeiträgen: B 5: Ich kann dir vertrauen – Ich schließe meine Augen / B 1: Wir bilden den Kreis / B 6: Kleine Schritte in die Stille.
Diese Beiträge sind als Ideen gedacht, die Ihnen helfen können, mit Ihren Klassen diesen Weg zu beschreiten. Bitte verstehen Sie die jeweiligen Einzelsequenzen nicht als zwingende Vorgabe, sondern als Ideenpool, aus welchem Sie einzelne Anregungen mit Ihren eigenen Vorgehensweisen und insbesondere im Blick auf die Klasse kombinieren, erproben und erweitern. Letztlich entwickeln mit der Zeit die Kinder selbst durch ihre klassenspezifische Zugangsweisen und Vorlieben ihre eigenen Stille-Übungen.

Spielerische Ideen für dynamische Überleitungen zur Stille

In den folgenden Basisbeiträgen finden Sie methodische Ideen, die Kinder schrittweise auf die Stille vorzubereiten: B 2: Aus der Dynamik in die Stille / B 3a u. 3b: Wake up – Warm up 1 u. 2 / B 1: Wir bilden den Kreis. Vor allem im Beitrag ›Aus der Dynamik in die Stille‹ geht es darum, bewegungshungrigen Kindern einen ›koordinierten Bewegungsraum‹ zu schenken, der die kindliche Bewegungslust aufnimmt und diese sukzessive in Stille-Sequenzen führt. Intention dabei ist, dass sich angestaute Unruhe-Energie nicht inmitten einer Stille-Übung ventiliert, sondern zuvor Ausdruck findet. Die vorgeschlagenen Spiele reichen bisweilen bis zur körperlichen Erschöpfung der Kinder, so dass der Übergang zur Stillephase sich wie ein wohlverdientes ›Ausruhen‹ gestaltet.
Insgesamt betrachtet, handelt es sich bei diesem Spiel zwischen Dynamik und Stille um das fein gelenkte Spiel mit den kindlichen Energien. Die Art der Bewegungen und Spiele lassen sich mit einem Orchester vergleichen, welches sämtliche Klangvariablen auszudrücken versteht: Von ganz großen Bewegungen bis zu winzig kleinen, vom lauten Klang bis zum sehr fei-

nen, von sehr schnellem bis zum verlangsamten Tempo. Unterstützend für die Stille- und Bewegungssequenzen sind Klanginstrumente wie eine Handtrommel, eine Rassel und ein Stille-Instrument wie Klangschale, -stäbe oder Regenmacher. Innerhalb der dynamischen und stillen Sequenzen gilt es, eine Regel im Klassenraum einzuhalten: Einander nicht verletzen (auch nicht mit Worten!).

Literaturempfehlung

- Eva-Maria Bauer, Mehr Lust am Lernen. Wege zu einer menschenfreundlichen Schule. Spirituelle Impulse, Praktische Übungen, Unterrichtsbeispiele, München 1997.
- Elisabeth Buck, Kommt und spielt. Bewegter Religionsunterricht im 1. und 2. Schuljahr, Vandenhoeck & Ruprcht, Göttingen 1997.
- Franz Kett (Hg.), Mensch werden – Mensch sein. Gedanken und Übungen zu einer sinnorientierten, ganzheitlichen Pädagogik, Religionspädagogische Praxis 1999/2.
- Rüdiger Kohl, Stille-Spiele für die ganze Klasse, Edition humorvolles Lernen, Stolz Verlag, Düren 2006.
- Gerda und Rüdiger Maschwitz, Von Phantasiereise bis Körperarbeit. Existentielle Methoden – gekonnt eingesetzt. Ein Praxishandbuch, Kösel-Verlag, München 2004.
- Anette Raschdorf, Kindern Stille als Erlebnis bereiten. Sinnesübungen, Fantasiereisen und Entspannungsgeschichten zur Gestaltung von Ruhesituationen in Grundschule, Kindergarten und Familie, Münster 2000.

Das Modell der Kräfteschulung – Eine Einführung

»Wissen über Liebe garantiert nicht Lieben, und Wissen um Ehrfurcht vor dem Leben garantiert nicht den Schutz des Schwachen. Wissen unterstützt Einstellungen, garantiert aber nicht deren Aufbau und Beständigkeit.«[1]

(Fritz Oser)

Die von Professor Fritz Oser (Religionspsychologe, Fribourg) und seinen katechetischen Mitarbeiterinnen und Mitarbeitern entwickelte Kräfteschulung ist eine in der Schweiz über Jahre und für viele Klassenstufen entwickelte Konzeption. Vor allem in der Schweiz hat sich diese differenzierte und tief reichende Arbeit, die Kinder und Jugendliche zu berühren vermag, durchgesetzt und bewährt. Der Ursprung dieses religionspädagogischen, ganzheitlichen Ansatzes findet sich bei Sr. Oderesia Knechtle, katholische Schwester eines Franziskanerinnenordens in der Schweiz. Der Komplexität dieser Gesamtkonzeption kann hier leider nicht entsprochen werden. Im Folgenden werden lediglich Kernmomente der Kräfteschulung aufgezeigt.

Curricular bildet die Kräfteschulung gemeinsam mit den beiden Konzeptionen ›Die Jesus-Beziehung‹[2] und ›Die Gottesbeziehung‹ eine stufenförmig angelegte Einheit für die ersten beiden Klassen der Primarstufe. Innerhalb dieser ›Trinität‹ stellt die Kräfteschulung die Basis dar für die beiden weiteren, darauf aufbauenden Konzeptionen.

1 Zum Begriff der ›Kräfte‹

Die Kräfteschulung ist explizit Schulung religiöser Kräfte im Sinne von Grundfähigkeiten (Grundkompetenzen), die in jedem Kinde angelegt sind und zur Entfaltung kommen können. Dabei unterscheidet die Praxis der Kräfteschulung drei verschiedene Arten von zu schulenden Kräften (im Folgetext mit konkreten Einzelbeispielen).

1. **Individuumsbezogene Kräfte:** Die Kinder können Dankbarkeit zeigen / ... staunen / ... in die Stille gehen / ... ihrer Freude kreativ Ausdruck verleihen / u.v.m.
2. **Interaktionsbezogene Kräfte:** Die Kinder können einander zuhören / ... miteinander kreativ arbeiten / ... miteinander Konflikte lösen / ... einander mitfühlend begegnen / ... den Wesen der Natur achtsam begegnen / u.v.m.
3. **Formbezogene Kräfte:** Die Kinder können eine Gebetshaltung einnehmen / ... die Kreismitte gestalten / ... den Kirchenraum in Stille begehen / u.v.m.

Auf lernpsychologischer Basis werden innerhalb des Unterrichts reale Erlebnis- und Handlungsfelder bereitgestellt, in welchen sich das Kind im Klassenkontext aktiv-handelnd erlebt, Selbststärke entwickelt und sich dadurch neue, religiös begründete Haltungen (Dispositionen) und Verhaltensweisen aneignet. Dieses Konzept ist geprägt von Interaktion und Prozessorientierung, von einem achtsamen, lebendigen Miteinander und von positiven Vorbildbeziehungen.

2 Die Erlebnisgestalt

Um Interaktionsmomente auszulösen, wird ein Schlüssel der Kräfteschulung verwendet, welcher zu Beginn des Unterrichts die Aufmerksamkeit aller Kinder zu fokussieren vermag: Die Erlebnisgestalt. Ein Begriff aus der Gestaltpädagogik: eine Gestalt ist stets aus einem großen Ganzen entnommen und steht gleichsam für ein dahinter stehendes Größeres. Erlebnisgestalten sind Träger von Werten / Qualitäten, die auf die Kraft verweisen, die im Unterricht geschult werden soll, und haben Prozess auslösende Funktion.

Erlebnisgestalten können verschiedenen Lebensbereichen entstammen und werden im Folgenden mit Beispielen exemplarisch aufgeführt:

1. **Natur:** Eine Schale mit Wasser / Ein Schneckenhaus / Eine Blüte
2. **Kultur:** Ein Blindenstock / Ein Schlüssel / Ein Buch
3. **Kult:** Eine Kerze / Ein Kreuz / Ein Kelch

Erlebnisgestalten werden sehr präzise nach Kriterien religionspädagogisch-theologischer Intention gewählt und orientieren sich am Entwicklungsgrad der jewei-

---

1 Fritz Oser, Kräfteschulung, Modelle. Eine Reihe für den Religionsunterricht, Luzern ³1984, S. 9.
2 Fritz Oser, Die Jesus-Beziehung, Olten ²1975, S. 46.

Methodisch-didaktischer Artikel

ligen Klasse. Dies erfordert eine Art ›Stufenanalyse‹, die für jede einzelne Klasse vorgenommen werden sollte unter der Fragestellung »Welche Kraft / Fähigkeit sollte diese Klasse zu diesem Zeitpunkt entwickeln?« (Beispielsweise erfordert das Vermitteln der Kraft zur stillen Begehung einer Kirche die vorausgegangene Kraft der Stille-Fähigkeit jedes einzelnen Kindes. Die Kraft des Einander-Zuhören-Könnens erfordert vorab die Kraft, sich in einem Kreis versammeln zu können usw.) Jede Erlebnisgestalt wird nach der Intention der jeweiligen Kraft ausgewählt. An dieser Stelle ein paar Beispiele, welche die Verknüpfung von Erlebnisgestalt und den jeweiligen, zu schulenden Kräften aufzeigen mögen. (Dabei kann eine Erlebnisgestalt mehrmals und unter verschiedenen Kräfteaspekten eingesetzt werden.)

- **Ein Schneckenhaus:** Den Weg nach innen, in die Stille gehen können / in Stille etwas gestalten können / mit Gott sprechen können.
- **Eine Blüte:** Staunen können über die Schöpfung / Achtsamkeit entwickeln können / eine Freude machen können.
- **Ein Blindenstock:** Mitgefühl für einen blinden Menschen haben können / einander unterstützen können / einander vertrauen können.

Jede Erlebnisgestalt setzt im Kind Erinnerungen, Emotionen und Assoziationen frei und trägt Aufforderungscharakter für die Kinder, miteinander ins Spielen zu kommen. (Daher der Begriff ›Erlebnis‹-Gestalt.) Die Kinder reagieren im Allgemeinen mit einer großen Neugierde auf Dinge, die in den Unterricht mitgebracht werden. Um diese Neugierde und die daraus resultierende Aufmerksamkeit der Kinder zu fokussieren, wird die Erlebnisgestalt in der Mitte des Kreises und meist verborgen präsentiert: Unter einem Tuch versteckt, in einem Korb oder in einem anderen Gefäß. Reihum betasten und erraten die Kinder die jeweiligen Dinge. Durch spielerisches ›Beleben‹ und Erleben der Erlebnisgestalt findet eine Überlagerung von gefestigten Erlebnisschichten, mit neuen, positiven Erlebnismomenten statt. In einem weiteren Schritt werden theologische Inhalte (Erzählung, Meditation, Gebete u.a.) anberaumt, die im direkten Bezug zur Erlebnisgestalt stehen und die Erfahrung mit der Erlebnisgestalt religiös verankern.
Neben aktiven Erlebnis- und Schaffensphasen ist die Stille sowie selbstgesteuertes kreatives Arbeiten in einer Atmosphäre des Vertrauens und Angenommen-Seins der Nährboden der Kräfteschulung.

3 Exemplarischer Verlauf einer Kräfteschulung

1) Erlebnisgestalt
2) Spiel
3) Aufnehmendes Tun (Theologie)
4) Ausgebendes Tun (Kreativität)
5) Handlungsbewusstheit

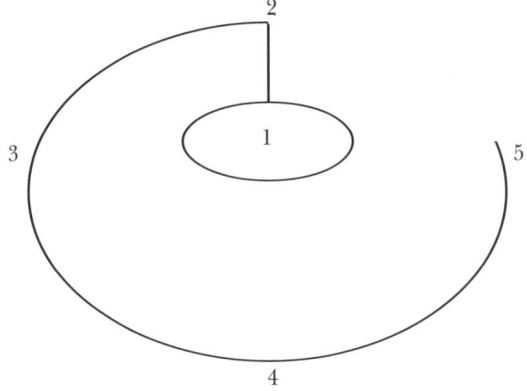

Schritt 1: Die Auswahl der zu schulenden Kraft und die Wahl der Erlebnisgestalt

L analysiert zunächst den Entwicklungsstand der jeweiligen Klasse, wobei folgende Beobachtungskriterien angewendet werden können: Soziales Verhalten, ästhetische Bewusstheit, religiöse Entwicklungsstufen, individuelle Stärken und Schwächen der einzelnen Kinder.
Nachdem der ›Kräftestatus‹ (im Sinne vorhandener oder noch nicht entwickelter Kräfte) definiert ist, wählt L für die Klasse eine (von vielen) konkret zu schulende Kraft. Dabei wird bereits deutlich, dass alle Fähigkeiten eine gewisse Stufung / Abfolge bilden, die wohl bedacht sein will. D.h. um eine Überforderung der Kinder zu vermeiden, muss berücksichtigt werden, dass z.B. vor der Kräfteschulung ›In Ehrfurcht eine Kirche begehen können‹ die grundlegende Kraft (Fähigkeit), sich still innerhalb der Religionsgruppe bewegen zu können, eingeübt (geschult) werden muss, die folgendermaßen formuliert sein könnte: ›Die Kinder können sich auf eine leise Weise im Kreis versammeln‹. Bei der Formulierung der einzelnen Kräfteschulung gibt es zwar Beispiele aus dem Modell der Kräfteschulung, aber keinerlei feststehenden Definitionen. Jede Lehrperson entwickelt und formuliert diese jeweils individuell und vor allem im konkreten Kontext der eigenen Klassensituation. Auch für die Wahl der Erlebnisgestalt gibt es lediglich exemplarische Ideen. So kann z.B. für die zu schulende Kraft des ›Mitgefühls‹ am Beispiel von Bartimäus als Erlebnisgestalt sowohl ein Bambusstock als auch eine Augenbinde oder ebenso ein Bettelteller verwendet werden.

Für die Kraft der Stille kann sowohl ein Schneckenhaus oder eine Meeresmuschel als Erlebnisgestalt dienen (sich zurückziehen, still, ruhig werden, die Augen schließen), genauso gut ein Stein, der Ruhe und Stille zu verkörpern vermag oder eine Schale, deren Form Ruhe und stilles Empfangen vermitteln kann.

Im Folgenden soll exemplarisch diese Kraft zur Stillefähigkeit geschult werden. Die Kräfteschulung könnte wie folgt definiert werden: ›Die Kinder können in die Stille gehen‹. Auswahl einer entsprechenden Erlebnisgestalt: Ein Schneckenhaus.
Die Kinder sind im Kreis auf dem Boden versammelt. L versteckt ein Schneckenhaus unter einem Tuch, das in der Mitte liegt.

Schritt 2: Spielerisches Erleben der Erlebnisgestalt
Die Kinder ertasten reihum das Schneckenhaus, erraten es und reichen es im Kreis weiter, wobei jedes Kind eigene Assoziationen benennt, wenn es mag. (In einer typischen Kräfteschulung wird gemeinsam Gott gedankt für solch schöne Schutzvorrichtungen in der Natur.) Nun beginnt das sich an der Erlebnisgestalt orientierende Spielen der Kinder (welches die Kinder in geübten Klassen häufig selbst initiieren): Jedes Kind sucht sich im Raum einen geschützten Ort, welcher einem Schneckenhaus ähnelt (unter einem Stuhl oder an einem anderen, geschützten Ort).
L hat zwei Klanginstrumente dabei: Eines für das freie sich im Raum Bewegen, eines für den Rückzug ins eigene Schneckenhaus. (Beispiel: Handtrommel und Klangschale). Die Kinder bewegen sich zur Handtrommel in verschiedenen Rhythmen, Bewegungen und Geschwindigkeiten durch den Raum (Ideen der Kinder werden aufgenommen). Beim Klang der Klangschale halten alle inne und verschwinden in ihrem Schneckenhaus und wahren so lange die Stille, bis das Tamburin erneut ertönt. Beendet wird die letzte bewegte Runde durch den Zusatz, dass nun alle Kinder sich ausruhen dürfen im Schneckenhaus. Dabei schließen die Kinder die Augen, jedes ist ganz für sich und in Ruhe.

Schritt 3: Theologischer Inhalt / ›Einatmen‹
In diese Ruhe kann eine leise, ruhige Melodie eingespielt oder ein einzelner Klang hineingegeben werden. Die Kinder erleben Ruhe und Stille. (Mit geübten Kindern kann eine Phantasie-Reise unternommen werden, in welcher z.B. vom Land der Ruhe und von Farben des Geborgenseins gesprochen wird.) Ein speziell ausgewähltes Gebet oder ein Segen bilden die Mitte dieser Phase der Stille. Beispiel: »Wo ich gehe, wo ich stehe, bist du, guter Gott bei mir. Wenn ich dich auch niemals sehe, weiß ich dennoch – du bist hier!«
Die Kinder wiederholen mit L gemeinsam leise dieses Gebet zur Verinnerlichung. Abschließend geht L

reihum und streicht jedem Kind sachte über den Kopf als Zeichen des ›Aufwachens‹. Die Kinder strecken und dehnen sich. Ein Austausch über das Erlebte, Geschaute, Gefühlte sollte stattfinden, so dass jedes Kind Rückmeldung geben kann über das Erlebte, denn für viele Kinder ist diese Erfahrung neu.

Schritt 4: Vertiefung durch Selbsttätigkeit / ›Ausatmen‹
Zum natürlichen Lernverhalten des Kindes gehört unbedingt die selbstinspirierte Eigentätigkeit, so dass Erlebtes in Sichtbares, Greifbares vom Kind selbst und unmittelbar umgesetzt werden kann.
Jedes Kind sucht sich dafür einen Platz im Raum und kann mit Papier und Farben, ggf. auch mit plastischen Materialien (Pappe, Knete, Wolle, Filz u.a.) den eigenen ›Schnecken‹-/Schutzraum gestalten. Jedem Kind steht frei, auf welche Weise es dies zum Ausdruck bringen möchte. Es gibt keine Vorgaben und keine Beurteilungskriterien wie ›Richtig / Falsch‹. Der Identität stiftende Raum der Ausdrucksfähigkeit wird auf diese Weise eröffnet und ermöglicht dem Kind ein authentisches und selbst motiviertes Arbeiten. Abschließend können alle ›Werke‹ im Mutmachkreis (siehe Kleines Methodenkompendium AHR NEU, 1./2. Schuljahr, 1. HB, S. 37) Würdigung finden.

Schritt 5: Handlungsbewusstheit
Die Kinder werden sich über ihre neuen Fähigkeiten zur Stille bewusst. Sie benennen diese gemeinsam mit L (Beispiel: »Wir waren alle fast 2 Minuten ganz still – nächstes Mal können wir vielleicht 3 schaffen!«), wobei L lobend jene Kräfte benennt, die bei den Kindern beobachtbar waren. Gemeinsam werden die neu hinzugekommenen Kräfte immer wieder aufgenommen und gepflegt, gleichsam einer eigenen Klassenkultur innerhalb der Lerngemeinschaft Religion. Vertiefend kann dieses Bewusstsein um einen eigenen Stille-Schutzraum auch in körpersprachlicher Form zum Ausdruck gebracht werden: In Kleingruppen bilden die Kinder einen Schutzraum (Burg / Haus / Höhle / Zaun ...) um ein Kind, welches sich in der Mitte der Gruppe positioniert. Daraus können sich für die Klasse eigene Segens-Rituale entwickeln: Jeweils eine kleine Gruppe von Kindern versammelt sich im Kreis der Gesamtgruppe (stehend, sitzend, liegend) und wird von der großen Gruppe beschützt und gesegnet. Im Wechsel können auf diese Weise alle Kinder der Klasse Segen erfahren. (Siehe ›Exemplarischer Verlauf einer Kräfteschulungs-Stunde‹ im Anhang an diesen Didaktisch-Methodischen Artikel: Kräfteschulung ›Staunen und Danken‹.)

4 Vom Wissen und vom Können

Neben dem religions- und entwicklungspsychologischen Ansatz arbeitet die Kräfteschulung mit der informationstheoretischen Tatsache, dass alles, was Lernende ›speichern‹ (ob erlebnishaft, affektiv-emotiv oder verstandesmäßig, kognitiv) zur Anwendung (Ausgabe) kommen muss, um für die Lernenden wirklich verfügbar zu sein. Relevant für die Unterrichtsplanung ist weniger die Frage »WAS unterrichte ich?« als vielmehr die Frage »Was TUN die Schülerinnen und Schüler mit dem, was ich erzähle, mit dem, was ich als Erlebnisgestalt mitbringe?« Intendiert ist die Koppelung von Emotion und Wissen. Der Aufbau kognitiver Strukturen erfolgt durch akzentuiert emotive Handlungsformen. Dies bedeutet konkret: Mit den Kindern wird nicht besprochen, wie mitfühlendes Handeln aussehen könnte und sollte (Fiktion), sondern die Kinder bekommen die reale Möglichkeit, mitfühlendes Handeln im Klassenzimmer als »Ich-kann!«-Erfahrung spielerisch oder im Realkontext zu erleben (Aktion).

Im Folgenden Beispiele, wie die Kraft mitfühlenden Handelns für Kinder im Kontext Schule konkret erlebbar gemacht werden kann:

- Eine Blüte, die behutsam auf stille Weise und mit Worten der Kinder (»Ich finde dich so schön« u.a.) im Kreis herumgereicht wird.
- Ein kleines Tier, das sich bei uns wohlfühlen soll, für welches wir Gott danken. (Bsp.: Hase)
- Ein blinder Mensch wird eingeladen, für den die Kinder Geschenke vorbereitet haben.

Auf diese Weise des praktischen Einübens mitfühlenden Handelns erübrigt sich jede Art der moralisierenden Unterweisung (›wir sollen wie Jesus handeln‹), da die Bewusstheit des Könnens im Kind lebendig ist und es durch sein Handeln eine Zugehörigkeit zu Jesus erlebt. In dieser Stufe des von E. Erikson benannten ›Werksinns versus Minderwertigkeit‹ (7.–12. Lebensjahr) ist die Umsetzung der physischen und intellektuellen Fähigkeiten in produktives Arbeiten für das Kind von höchster Bedeutung. Erikson spricht in diesem Zusammenhang von dem Ergebnis der Ichstärke im Sinne eines bleibenden Vertrauens und von einem ›dauerhaften Gefühl der Kompetenz‹.

5 Einatmen und ausatmen

Für die Unterrichtsstruktur gilt die pädagogische Faustregel des Dreierrhythmus:
Aufnehmendes – verarbeitendes – ausgebendes Tun.
Oser besetzt diese Struktur wie folgt:
1. Spannungsaufbau (wecken emotiver Schichten durch eine Erlebnisgestalt oder eine Erzählung).
2. Spannungshöhepunkt (ausgelöste emotionale Identifikation, Betroffenheit des Kindes = Erlebnis).
3. Spannungsabbau durch selbständiges, verarbeitendes Gestalten.

Während der ersten beiden Phasen steht das emotionale Beteiligtsein des Kindes durch unterrichtliche Impulse im Mittelpunkt, die das Kind emotional »aufladen«. Das Kind nimmt alles in sich auf, gleich einer großen Einatmung. Die dritte Phase gibt dem Kind kreativen Handlungsraum, das Aufgenommene in Eigenes zu transformieren (Ausatmung). Hier beginnt die konkrete Steuerung der formalen Ausdrucksfähigkeiten. Nehmen wir aus der Fülle der Gestaltungsmöglichkeiten das Beispiel Freies Malen (siehe Kleines Methodenkompendium, AHR NEU, 1./2. Schuljahr, 1. HB, S. 32f): Von Bild zu Bild soll das Kind eine Steigerung seiner Ausdrucksfähigkeit erleben. Das von innen Bewegende soll auf authentische, eigenste Weise für das Kind selbst sichtbar werden. Diese Schulung der Ausdrucksfähigkeit entwickelt sich durch die verhaltenspsychologische Regel der Verstärkung. Die individuelle Zuwendung, Bestätigung, Herausforderung seitens der L sowie die Betrachtung und Würdigung durch die Klasse bewirkt anhaltende Verbesserung der Ausdrucksintensität. Fehlt dieser Aspekt, so werden die Kinder des Malens müde und eine zunehmende Verflachung des Bildgehaltes tritt ein. Dies gilt für alle Bereiche ausgebenden Tuns. Ob Ausdrucksfähigkeit in Bild, Spiel, Imitation, Sprache, Stimme, Textgestaltung: Alle Verstärkungsmaßnahmen sind vom Inhalt der Sache her (Verinnerlichung und Echtheit) begründet, nicht durch äußerliche Kriterien. Vorgefertigte Bild- oder Textmaterialien sind nicht im Sinne der Kräfteschulung, da das Ausmalen von Formen oder das Eintragen fehlender Worte keinen Eigenausdruck fördert und auch keinen selbstgesteuerten religiösen Verarbeitungsprozess gewährleistet.

6 ›Kräfte‹ und ›Kompetenzen‹

Die Definitionsverwandtschaft der Begriffe ›Kräfte‹ und ›Kompetenzen‹, die beide das Können implizieren, ist die Schnittstelle von Kräfteschulung und Neuem Bildungsplan. Beide implizieren das *Können* im Sinne von Sichtbar werden der Fähigkeiten auf verschiedenen Lernebenen.
Individuumsbezogene Kräfte, interaktionbezogene Kräfte, formbezogene Kräfte, nachhaltiges Sichtbarwerden der jeweiligen Fähigkeiten, konkrete Erprobung im Unterricht, konkrete Ausdrucksschulung, religiöse Dispositionen schaffen u.v.m. sind Intentionen der Kräfteschulung und erinnern unweigerlich an die im Neuen Bildungsplan unter »Religion« aufgelisteten Übergreifenden Kompetenzen[3]. Dadurch gewinnt die Kräfteschulung neue Aktualität und erscheint in den ›Arbeitshilfen Religion Grundschule NEU 1./2. Schuljahr‹ als erlebnisorientiertes Vertiefungsmoment innerhalb einzelner Unterrichtseinheiten. Dem Argument der ›Gefühlsduselei‹, dem dieser Unterrichtsstil schnell

---

3 Bildungsplan 2004 Grundschule, Baden-Württemberg, Ministerium für Kultus, Jugend und Sport, S. 23 (übergreifende Kompetenzen).

anheim fällt, erweist sich in der Praxis als hinfällig. Es liest sich anders als es sich praktiziert. Natürlich muss das Genre dieser Unterrichtskultur mit der eigenen Lehrer/innenpersönlichkeit übereinstimmen, um diesen Weg zu wagen, der in vielem die schulischen Grenzen sprengt – und dies auch beabsichtigt! In diesem Zusammenhang sei auf die Ausgabe 4/2006 der Zeitschrift ›Entwurf‹ verwiesen: Die Stillung des Sturmes, Angregungen aus der Kräfteschulung.[4]

»Die Kräfteschulung ist nie fertig zu schreiben. Sie bleibt Fragment und wird erst im konkreten Arbeitsfeld Unterricht etwas Ganzes.«[5]

Exemplarischer Verlauf einer Kräfteschulungs-Stunde

Kräfteschulung ›Staunen und Danken‹ Erlebnisgestalt: Apfel

Schritt 1: Definition der zu schulenden Kraft (Kompetenz) und die Wahl der Erlebnisgestalt

Die Kinder können über einen Apfel zum Staunen kommen und Dankbarkeit ausdrücken.
Erlebnisgestalt: Für jedes Kind einen schönen, wohlriechenden Apfel.
Die Äpfel stehen in einem Korb in der Mitte. Ein Tuch bedeckt den Korb.

Schritt 2: Spielerisches Erleben mit der Erlebnisgestalt

Die Kinder betasten einzeln oder in Kleingruppen den Inhalt des Korbes. Sie dürfen mit geschlossenen Augen einen Apfel herausnehmen und daran riechen. L: »Heute möchte ich jedem von euch einen Apfel schenken. In der Pause (oder am Ende der Stunde) dürft ihr ihn aufessen oder mit nach Hause nehmen.« L geht mit dem Korb reihum und schenkt jedem Kind einen Apfel. (Dabei kann gleich agiert werden mit den Worten »Danke« und »Bitte« – spielerisch, nicht moralisierend!).

Spielideen (L entscheidet sich für eine Spielidee):
• Rückenreisen (siehe **B 7**: Rücken – Entzücken).
• Die Kinder legen auf einem Tuch ein schönes Bodenbild mit den Äpfeln.
• Sie legen ihren Apfel zu einem Kreis in die Mitte und jedes Kind legt einen Gegenstand von sich hinzu, so dass später erkennbar ist, wem welcher Apfel gehört.
• Apfelwachsen: In Zeitraffer bewegen die Kinder den Apfel von der Erde bis hinauf in den Himmel.
• Die Kinder bilden Kleingruppen und spielen, was aus Äpfeln alles gemacht werden kann: Apfelbrei, Apfelkuchen, Apfelringe, Kronenäpfel etc. Sie spielen es der ganzen Gruppe vor, die erraten muss, was das Apfel-Resultat ist.

Schritt 3: Phantasiereise / ›Einatmen‹

Alle versammeln sich erneut im Kreis. L: »Euer Apfel hat schon viel erlebt – in diesem Apfel steckt so viel drin, wir können es nur nicht sehen mit unseren Augen! Ihr dürft jetzt eure ›Phantasie-Augen‹ öffnen und mit auf die Lebensreise des Apfels gehen.« Jedes Kind nimmt seinen Apfel in beide Hände und sucht sich einen Platz im Raum zum Träumen.
Phantasiereise **P 1**: ›Im Apfel wohnen Welt und Zeit‹: Die Kinder legen sich bequem auf den Boden, decken sich ggf. mit ihren Jacken zu oder sitzen an den Tischen, Kopf auf die Arme oder auf die Jacke ablegen. Alle sitzen oder liegen bequem und können Anspannungen lockern. L gibt acht darauf, dass jedes Kind für sich wie in einem eigenen Raum ist und nicht durch Blick- oder Körperkontakt von einem anderen Kind abgelenkt werden kann. L weist mit ruhiger Stimme darauf hin, dass sie/er Wächter/in der Reise ist: »Ihr könnt die Augen schließen, ich bin da, ich achte darauf, dass keines von euch gestört wird. Atmet ganz ruhig ein und aus ...«

Schritt 4: Vertiefung durch Selbsttätigkeit / ›Ausatmen‹

Jedes Kind gestaltet ein Danke-Gebet. Dies kann sich in unterschiedlichster Gestalt ausdrücken: In Form eines einzigen, groß und bunt gestalteten Wortes (›DANKE GOTT‹) oder in Form eines Apfel-Mandalas (Legebild auf runde Stoff- oder Buntkartonteile: Apfel, Steinchen und Äste u.a. Naturmaterialien) oder durch ein Bild. Die Kinder wählen individuell ihre Materialien dafür aus und suchen sich einen ruhigen Ort im Klassenzimmer, so dass ›Stilles Schaffen‹ (siehe Kleines Methodenkompendium AHR NEU, 1./2. Schuljahr, 1. HB, S. 40f) möglich ist.
Abschließend treffen sich alle Kinder im Kreis, alles Gestaltete wird auf den Boden im Kreis um einen Apfel und eine Kerze gelegt und gewürdigt (siehe ›Mutmachkreis‹ Kleines Methodenkompendium AHR NEU, 1./2. Schuljahr, 1. HB, S. 37). Bevor wir die Äpfel essen, sprechen wir Dankgebete und singen ein kleines, selbst erdachtes Dankelied. Die Kinder halten dabei ihren Apfel in Händen.

Schritt 5: Handlungsbewusstheit

Anhand eines konkreten Beispiels (Apfel) lernen die Kinder für das zu danken, was sie von der Natur geschenkt bekommen. Sie kennen Gebete und Lieder, welche sie wiederholend und unabhängig von der Schule wieder verwenden und ritualisieren können. Zur Unterstützung für die religiöse Begleitung im Elternhaus können die Kinder einzelne Gebete gestalten und mit nach Hause nehmen.

---

4 Brigitte Zeeh-Silva, Die Stillung des Sturmes. Anregungen aus der Kräfteschulung, in: Entwurf 4/2006.
5 Fritz Oser, Kräfteschulung, a.a.O., S. 9.

Anfangsunterricht Religion

Die Schülerinnen und Schüler
- **können an Feiern und Ritualen mit Verständnis teilnehmen und sich beim gemeinsamen Singen, Beten und Meditieren angemessen verhalten (6.2)**
- kennen die Glaubensaussage, dass sie und alle Menschen so, wie sie sind, von Gott geliebt werden (1.2)
- nehmen wahr, das Freude und Leid, Angst und Geborgenheit zum menschlichen Leben gehören (1.1)
- drücken eigene Vorstellungen von Gott aus (4.1)
- kennen Regeln, friedlich miteinander umzugehen (2.3)
- wissen, dass Menschen verschieden, aber gleichwertig sind (7.3)

Untertitel
Ich bin einmalig, von Gott geliebt und angenommen
Wer bin ich – Was kann ich
Ich – Du – Wir
Streiten – Sich vertragen
Ich bin von Gott geliebt und bei ihm geborgen
Wir segnen, berühren und vertrauen einander
Erste Gebete und Rituale
Dynamik und Stille-Übungen
Stilles Schaffen und Freies Gestalten
Phantasie und Imagination
Rhythmisch-musikalisches Arbeiten und ganzheitliche Ausdrucksschulung
Hand, Herz und Körperhaus – Beginn der Symbolfähigkeit
Kräfteschulung
Impulse für das Schulcurriculum

**Zur Lebens-
bedeutsamkeit**

Die Kinder des Anfangsunterrichts sind geprägt von der Unruhe des Neubeginns. Sie sind konfrontiert mit einer ihnen bislang unbekannten neuen Lebens- und Lernumgebung, mit neuen Sozial-, Umgangs- und Arbeitsformen. Hinzu kommen unterschiedliche Ansprechpersonen, welche den Kindern noch nicht vertraut sind. Einerseits streben die Kinder in freudiger Erwartung dem Lernen in schulischer Form entgegen, andererseits finden sie sich teilweise verfrüht dem bekannten Spiel und einer spielfreudigen Lernumgebung entrissen. Zunehmend ist Letzteres beobachtbar infolge der früherminierten Stichtage zur Einschulung. Der entwicklungsphysiologische Veränderungsprozess von Streckung und Zahnwechsel ist ein weiterer Lebensfaktor für die Kinder, der synchron mit den seelischen Veränderungen einhergeht und sich trefflich im folgenden Zitat spiegelt: ›Wackeln die Zähne, wackelt die Seele‹ (siehe Literaturliste).
Das Kind tritt mit dem Schulbeginn in eine permanente Informationsexpansion ein und damit gleichsam in eine erweiterte Konfrontation mit bis dahin nur selektiv wahrgenommenen Realitätsfaktoren aller Art. Die in unserer Zeit akute Konfrontation mit der Verletzlichkeit alles Lebendigen löst in den Kindern Ängste, Verunsicherung und viele Fragen aus. Ganz speziell im Zeitfenster des Anfangsunterrichts sollte aus religionspsychologischen Gründen die Vertrauensbildung zwischen Kind und Lehrperson, zwischen Kind und Gott sowie zwischen Kind und Religionsgruppe zum ›Grundklang‹ allen Unterrichtens werden. Spiritualität und Religion begegnen dem Kind des Anfangsunterrichtes auf spielerisch-schöpferische Weise durch erste Rituale, die einen wesentlichen Bestandteil des Unterrichts

ausmachen. Stille und Dynamik haben ihren Raum und entsprechen der kindgerechten Lernform: dem spielenden Lernen eines erfahrungsorientierten Religionsunterrichtes. Diese Rituale, welche den RU durchgängig begleiten, können dem Kind Stabilität schenken in den häufig wechselnden und unvorhersehbaren Alltagsmomenten einer Gesellschaft, deren Leben sich nur noch in sehr geringem Maße an kirchlichen Ritualen und Momenten des Innehaltens einer Gebetspraxis orientiert. Die Vermittlung christlicher Religiosität lebt von liebevollen Erfahrungsmomenten der Gemeinschaft, die sich um Jesus Christus versammelt und die ihre Kraft und Zuversicht aus dem Glauben an ihn schöpft. Begrüßungs- und Abschiedsrituale, ganzheitliche Segensrituale, Gebete und Lieder mit Bewegungsimpulsen, aber auch Interaktionsspiele ermöglichen eine Lernumgebung für die Entfaltung der religiösen »Kräfte« (Kompetenzen) im einzelnen Kind. Durch die Einbettung einzelner Elemente aus dem RU in das Schulcurriculum (Beispiele: Friedensritual / Präsentation bei der Monatsfeier / Schulhausgestaltung) erfährt das Kind die Wichtigkeit des Faches Religion im Sinne eines wiederkehrenden, den Schulalltag prägenden Momentes.

| Methodisch-didaktische Anmerkungen | Die Symbole *Kreis, Licht, Weg, Herz, Hand* und *Körperhaus* bilden den ›Roten Pfad‹, der sowohl den Anfangsunterricht als auch die ersten beiden Schuljahre kennzeichnet. Es geht dabei um die Anbahnung der Symbolfähigkeit im Kind: Die Mehrdimensionalität biblischer und symbolischer Bildsprache in die Vielschichtigkeit menschlicher Wirklichkeit übertragen zu können (hermeneutische Kompetenz). Durch eine *erlebnisorientierte Symboldidaktik* findet das Kind zu einer religiösen Sprache und zu einem spirituellen Erfahrungsraum, die es dazu befähigen, eine ungebrochene spirituelle Reifung zu vollziehen und eine mitwachsende Gottesvorstellung zu entwickeln, welche den Menschen durch die Krisen der Pubertät hindurch bis ins Erwachsenenalter zu begleiten vermag. |

Kreis und Licht bilden die Mitte des Religionsunterrichts: Im Kreis versammeln wir uns um unsere Lebensmitte, um Gott und um Jesus Christus. Gott ist mitten unter uns und im Symbol des Lichtes (Kerze) präsent. Gott und Jesus Christus sind uns nahe als Quelle allen Lebens und als Urgrund liebevollen Umgangs in der Lerngruppe Religion.

Der Weg zur Mitte: Die Feste des Kirchenjahres werden begehbare Wege für die Kinder: Spielerisch bauen und begehen wir erste Spiralwege und begegnen dem Licht (Licht in der Dunkelheit: Advent – Weihnachten / Passion – Osterlicht). Die Kinder gehen zunächst körperlich den Weg zur Mitte, dann innerlich: Schritte in die Stille, Schritte in eine eigene Gebetspraxis und Festigung einer spirituellen Lebenshaltung.

Unsere Hände: Die Wahrnehmung der Hände und die Erfahrung, mit unseren Händen Gutes zu tun, geht den neutestamentlichen Heilungsgeschichten voraus, so dass sich für die Kinder die Botschaft des heilenden und segnenden Handelns Jesu in einer erfahrungsorientierten Lernumgebung entfalten kann.

Unser Herz: Auf spielerische Weise werden sich die Kinder ihres Herzens als einem Wohnort ihrer Gefühle bewusst. Die theologische Dimension entfaltet das ›sehende Herz‹ Jesu, der die Seele, das Herz der Menschen, sehen, verstehen und heilen kann. Gewahrwerden der eigenen Herzens-Befindlichkeit ist die Voraussetzung für die Empathie-Fähigkeit, welche eine religiöse Grundkompetenz darstellt.

Unser Körperhaus: Diesem Aspekt als einem wichtigen Teil erfahrungsorientierten Lernens liegt die religiöse Haltung zugrunde, unserem Körper als einem Geschenk Gottes zu begegnen, als Lebenshaus unserer Seele – ein Refugium, welches der Achtsamkeit und Behutsamkeit bedarf, gleich eines heiligen Raumes, in welchem Gott Wohnstätte nehmen kann (Paulus: ›Tempel des Heiligen Geistes‹). Die Dimension von Verletzlichkeit und die Sehnsucht nach Heilsein von Körper und Seele wird durch die Heilungsgeschichten für die Kinder nachvollziehbar. Auf unbewusster Ebene erfährt das Kind Stärkung seiner Resilienzfähigkeit (Widerstandsfähigkeit). Rhythmisch-musikalisches Arbeiten sowie Interaktionsspiele, welche die Kinder in Berührung mit sich selbst und in einen behutsamen Kontakt miteinander bringen, fördern die Verankerung der Kinder in ihrem Körper, was in dieser Altersgruppe von existenzieller Bedeutung ist, da viele Kinder durch rapide zunehmenden Bewegungsmangel kaum ihr Körperhaus wirklich »bewohnen«. Körperwirksame Potentiale wie Selbstbewusstsein, Bewusstheit für eigene Handlungskompetenz und Stärke, Sammlung der Aufmerksamkeit und selbstschöpferische Aktivität können nicht Fuß fassen in einer schwach ausgeprägten körperlichen Präsenz des Kindes. Die Vernachlässigung des Körpers und der kindgemäßen, gesunden Bewegungsdynamik bewirkt sukzessive den Verlust von Eigenerleben und damit die Einschränkung von Fühlen und Mitfühlen bis hin zu vandalistischen Tendenzen und Verrohung auf sämtlichen Gebieten des Menschseins. Zunehmend wird die Wahrnehmung des gesamten Kindes und damit die »Lernkultur Religion« eine dynamische Veränderung erfahren müssen zugunsten der ganzheitlichen Ausdrucksfähigkeit und Selbstbildung des Kindes.

Die ganzkörperliche Ausdrucksfähigkeit erfährt im Rahmen der Basis-Beiträge kontinuierlich Erprobung durch die kreativ-spielerische Umsetzung religionspsychologischer und theologischer Kernpunkte in Körpergesten und -gebete, Klickbilder, Pantomime, Rollenspiel sowie in rhythmisch-musikalische Elemente. Auch der körpersprachlichen Vielgestaltigkeit in ihrem kontrastierenden Spektrum wird Aufmerksamkeit geschenkt (laut – leise, sanft – stark, langsam – schnell); sie leistet einen wesentlichen Beitrag zur kommunikativen Kompetenz. Atmung und Verwurzelung (Füße-Erde-Kontakt) sind für die Kinder dieser Altersgruppe von zentraler Wachstumsbedeutung, die es zu fördern und zu stärken gilt.

In einzelnen Kompetenzfeldern dieser Unterrichtseinheit findet sich der mit einem Pfeil ✎ gekennzeichnete Zusatz ›Impulse für das Schulcurriculum und für fächerverbindendes Arbeiten‹. Die in die entsprechenden Bausteine integrierten Ideen überschneiden sich mit den Leitgedanken zum Kompetenzerwerb des Fächerverbundes ›Mensch, Natur und Kultur‹ (siehe Bildungsplan, S. 98) und eignen sich für einen fächerverbindenden Unterricht. Auch finden sich darin Impulse, welche einen wesentlichen Beitrag des Faches Religion zum Schulcurriculum leisten und für die gesamte Schulgemeinschaft zum Tragen kommen können. An dieser Stelle sei auch auf alle **Basis-Beiträge** (**B**) dieser Unterrichtseinheit hingewiesen.

Impulse für das Schulcurriculum und für fächerverbindendes Arbeiten

---

- Welche Kinder kenne ich in meiner Religionsgruppe?
- Mag ich die Religionslehrerin / den Religionslehrer?
- Was ist das, ›Religion‹?
- Was machen wir hier?
- Was lernen wir in Religion?
- Wo ist Gott? Wie sieht er aus?
- Lebt Jesus noch?

Elementare Fragen

Basis-Beiträge: Kreisbildung, Dynamik und Stille, Vertrauen und Achtsamkeit
B 1: Wir bilden den Kreis / **B 2:** Aus der Dynamik in die Stille / **B 3a:** Wake Up – Warm Up 1 Aufgepasst! (kurze Fokussierungssequenzen im Kreis) / **B 3b:** Wake Up – Warm Up 2 (Reime, Rhythmen und Bewegungsreisen zum Aufwachen!) / **B 4:** Mit Klanggesten und Raumklängen arbeiten / **B 5:** Ich kann dir vertrauen – Ich schließe meine Augen / **B 6:** Kleine Schritte in die Stille / **B 7:** Rücken – Entzücken / **B 8:** Rempeln, Raufen, Rücksicht nehmen

Leitmedien

Methoden zur spirituellen Vertiefung

Phantasiereisen
P 1: Im Apfel wohnen Welt und Zeit / **P 2:** Mein liebster Ort / **P 3:** Schutzfarben / **P 4:** Meeresreise

Kräfteschulung
K 1: Spielend danken lernen / **K 2:** Wir sind kostbar und von Gott geliebt / **K 3:** Die Stille ist innen (Der Spiralweg) / **K 4:** Wir sind bei Gott geborgen und geliebt (Schutzkreis) / **K 5:** Einander Geborgenheit schenken / **K 6:** Aus Kleinem wächst ganz Großes! /

Rituale
R 1: Segen auf deinem Wege / **R 2:** Willkommen-Ritual / **R 3:** Ritual zum Beginn der Stunde / **R 4:** Heut ist dein Geburtstag / **R 5:** Feedback-Ritual mit Karten / **R 6:** Zehn Minuten Segenszeit / **R 7:** Wir sind wieder gut-Rituale / **R 8:** Ritual ›Segen für die Schöpfung‹

Gebete
M 13a: Gebete für überall (I) / **M 13b:** Gebete für überall (II) / **M 13c:** Elternbrief / **M 13d:** Literaturliste für die Eltern / **M 14:** Menschen beten auf unterschiedliche Weise (Gebetshaltungen) / **M 15:** Ten Fingers for you! Bewegte Gebete in englischer Sprache

Erzählungen und weitere Materialen
M 1: Wie ein Indianerjunge zu seinem Namen kam / **M 2:** Namen memorieren / **M 3:** Rasseln statt Quasseln! (Bauanleitung) / **M 4:** Gott hat alles erschaffen (Ausmalbild und -text) / **M 5:** Geborgen in Gottes Hand / **M 6:** Das Eichhorn und das Nashörnchen / **M 7:** Fisch ist Fisch / **M 8:** Das bin ich! / **M 9:** Ich-Du-Wir-Spiel / **M 10:** Bilder, Farben und Gefühle / **M 11:** Arbeitsblatt ›Wie fühlt sich Hase Hoppe?‹ / **M 12:** Impulsbilder ›Tränen teilen‹ / **M 16:** Bei Gott bin ich geborgen (Ausmalbild) / **M 17:** Fingerfühlspiele / **M 18:** Delphin / **M 19:** Mittebild des Herzens

---

Die Schülerinnen und Schüler können zeigen, was sie schon können und kennen.

- Sich im Stuhlkreis versammeln können
- Einzelne Namen ihrer Mitschüler/innen kennen
- Sich melden, wenn sie etwas beitragen möchten
- Sich ausdrücken, Sätze formulieren können
- Einander zuhören, einander ausreden lassen
- Die eigene Meinung äußern können
- Eigene Ideen einbringen können
- Etwas vortragen, vorspielen, erklären und anweisen können
- Gebete, Geschichten, Lieder und Spiele kennen

WILLKOMMEN IM KREIS – MEIN NAME, DEIN NAME

✑**Begrüßungs- und Abschiedsritual** für das ganze Schuljahr: L begrüßt und verabschiedet jedes Kind persönlich mit Blickkontakt, Hand geben und Namen. Dabei empfiehlt es sich, den Kindern in Augenhöhe zu begegnen, wobei L auf einem Stuhl bei der Türe Platz nimmt. Sind die Kinder bereits im Zimmer, geht L auf jedes einzeln zu, um jedes Kind persönlich zu begrüßen. Zum Abschied können die Kinder an der Tür oder zu einem Schlusskreis versammelt werden, wobei ein Segen, ein Lied oder ein Schlussgebet der persönlichen Verabschiedung vorausgehen kann.

- **Lieder, Teil 1: Begrüßungs- und Morgenlieder**
- **Lieder, Teil 2: Abschieds- und Segenslieder**
- **Lieder, Teil 3: Namen-Kennenlern-Lieder**
- **Rituale*: Bewegter Segen.** (Siehe Bewegtes Gebet / Segen / Lied*). Ideen für Bewegungsrituale zu Stundenbeginn und -ende: Die Kinder wählen ihre Lieblings-Segensgebete und entwickeln dafür gemeinsame Gesten und Bewegungen zur ›inwendigen‹ Aneignung. Folgende Texte eignen sich für die Umsetzung in Bewegungen. **R 1: Segen auf deinem Wege.**
- ✑**Wir bilden den Kreis.** L wählt spielerische Methoden, um die Kinder im Kreis zu versammeln; dabei wird bereits die Kraft geschult, den Kreis leise und mit gegenseitiger Achtsamkeit zu bilden. (In manchen Klassen stehen bereits Sitzmatten oder kleine Sitzhocker / Tritthocker zur Verfügung.) **B 1: Wir bilden den Kreis.**
- ✑**Wir holen die Kinder dort ab, wo sie sind: In der Bewegung / im Bewegungsmangel.** Bei erhöhtem oder mangelndem Bewegungsbedarf oder mangelnder Wachheit empfehlen sich folgende, kurze Aufwach- und Fokussierungsspiele, welche die kindlichen Energien zu konzentrieren vermögen: **B 2: Aus der Dynamik in die Stille / B 3a: Wake Up – Warm Up 1** (Aufgepasst! Kurze Fokussierungssequenzen im Kreis) / **B 3b: Wake Up – Warm Up 2** (Reime, Rhythmen und Bewegungsreisen zum Aufwachen)
- **Lieder, Teil 4:** ✑Warm-up-Körperlieder
- ✑**R 2: Willkommen-Ritual.** Erste Präsentationsübung zum Kennenlernen der Kindernamen. Dabei ist folgender Basis-Beitrag zu beachten: ✑**B 4: Mit Klanggesten und Raumklängen arbeiten.** Einführung der Kinder in das Spielen mit Klanggesten und Bewegungsimpulsen. Spielerisches Kennenlernen und Memorieren der Kindernamen und erste Übung einer kleinen Präsentationssequenz.
- **Mein Name – Dein Name: Namenskarten** der Kinder liegen in der Mitte, am besten aufklappbare Karten/Papierbögen in DIN A4-Größe, L hat ggf. die Namen in Hohlschrift aufkopiert. Die Kinder malen ihre Namen mit ihren Lieblingsfarben aus. (Das Umfeld leer lassen zur späteren Gestaltung.) Dabei wird betont, dass es nicht darum geht, so schnell wie möglich zu malen, sondern so schön wie möglich. Während die Kinder malen, hat L Zeit, sie zu betrachten und sich die Namen einzuprägen.
  (*Anmerkung:* Auch wenn die Kinder bereits Namensschilder haben, sollten im Fach Religion eigene Namensschilder entstehen, die später auf der ersten Seite im Religionsheft oder im transparenten Hefteinband ihren Platz finden. Von L können diese eigenen Namensschilder anfangs immer wieder eingesammelt und spielerisch verwendet werden, bis alle mit den neuen Namen vertraut sind).
- **Erster Mutmachkreis*.** Die Kinder geben einander positive Rückmeldungen für die Gestaltung der Namensschilder.
- **Erste Bildergalerie*.** Die Kinderbilder (oder Hefte) liegen zur Präsentation am Platz. Nach einem abgesprochenen Signal ist die Ausstellung eröffnet und die Kinder gehen leise betrachtend von Bild zu Bild. Anschließend erinnern sie sich und geben einander positive Rückmeldungen.
- ✑**Geschichten über Namen und ihre Notwendigkeit / M 1: Wie ein Indianerjunge zu seinem Namen kam / UG:** ›Welche Namen würdet ihr einander geben, welchen Namen wünschen wir uns?‹ ›Welche Fähigkeiten sind gut?‹

Die Schülerinnen und Schüler können einander wahrnehmen und erste Formen des Selbstausdruckes zeigen. Sie können an Ritualen mit Verständnis teilnehmen und sich beim gemeinsamen Singen, und Spielen angemessen verhalten (→ 6.2)
✑ = *Impulse für das Schulcurriculum und für fächerverbindendes Arbeiten*

---

* Hinweis: Sämtliche mit einem * gekennzeichnete Begriffe/Methoden werden ausführlich erläutert im »Kleinen Methodenkompendium« im 1. Halbband der »Arbeitshilfe Religion Grundschule NEU«, 1./2. Schuljahr, S. 26ff.

- **M 2: Namen memorieren.** Die Namenskarten vereinfachen das Kennenlernen der einzelnen Namen sowohl für L als auch für die Kinder untereinander und können für Namensspiele verwendet werden.
- ✥**Klassenregeln entwickeln.** In Absprache mit den jeweiligen L der Klassen können gemeinsam vereinbarte Klassenregeln wirksam werden. (Beispiel: Kommunikationsregeln / Maßnahmen bei Verletzung solcher Regeln / Austeildienste u.a.)
- ✥**Raumklänge im Klassenzimmer:** Die Kinder entdecken und erobern klanglich ihr Klassenzimmer: Mit den Händen versuchen sie, so viel wie möglich rhythmische Klänge und Resonanzräume zu entwickeln. **B 4: Mit Klanggesten und Raumklängen arbeiten** kann als Vorübung vorangestellt werden, bevor die Hände weitere Möglichkeiten entdecken. Beispiele: Reiben an Schrankflächen, Klopfen, Scharren und Trommeln auf Tischen und Hohlkörpern im Raum. Die Herausforderung besteht darin, einen gemeinsamen Rhythmus zu entwickeln.
- ✥**Rasseln statt Quasseln!** (Siehe Rhythmisches Texten/Begleiten/Memorieren*). Zur Liedbegleitung und -gestaltung, aber auch zum Erlernen verschiedener Rhythmen und beidhändiger Koordinationsfähigkeit eignen sich Rasseln, bestehend aus zwei Pappbechern, Kreppband und ›Rasselmasse‹. ✥**M 3: Rasseln und Regenmacher (Bauanleitung)**

GOTT KENNT MEINEN NAMEN – ICH BIN WICHTIG, DU BIST WICHTIG

Die Schülerinnen und Schüler wissen, dass Menschen verschieden, aber gleichwertig sind, und sie kennen die Glaubensaussage, dass sie und alle Menschen so, wie sie sind, von Gott geliebt werden (**Jes 43,1 / Jes 49,16**). (→ 7.3 / 1.2)

✥ = *Impulse für das Schulcurriculum und für fächerverbindendes Arbeiten*

- **Was machen wir in Religion?** / **UG:** Wir erinnern uns an Gott, der alles geschaffen hat. Liedeinführung: ›Ich glaube, dass Gott mich geschaffen hat‹ (**LB 5.4**). Die Kinder entwickeln eigene Gesten für das Lied.
- **Spiel: Gott hat alles erschaffen.** L legt einen Gymnastikreif als stummen Impuls in die Mitte. Die Kinder assoziieren: »Da drinnen hat alles Platz, was Gott erschaffen hat / dieser Reif ist wie unsere Erde ...« Nun springen die Kinder einzeln in den Kreis und mimen ein Tier oder eine Pflanze, die von allen Kindern erraten werden soll. Wer richtig geraten hat, darf das nächste Wesen darstellen. Nach jeder Pantomime wird das Lied wiederholt, so dass es zum Danklied für die jeweilige Tier- oder Pflanzenart wird.
- **Heftgestaltung. M 4: Gott hat alles erschaffen** (Ausmalbild und -text)
- **Spielend beten. K 1: Kräfteschulung*** ›Spielend danken lernen‹ Erlebnisgestalt: Blumenzwiebel (oder andere Pflanzenkerne oder -samen)
- **R 3: Ritual* zum Beginn der Stunde**
- **Licht-Ritual*** / **Erste Schritte zum freien Gebet:** Die Kinder versammeln sich im Kreis (siehe **B 1: Wir bilden den Kreis**). Eine Kerze steht als Zeichen für die Präsenz Gottes in der Mitte. Mit bunten Glassteinchen (›Muggelsteinen‹) oder mit Naturmaterialien legen die Kinder einen Weg von der Kerze zu sich selbst. Die Kinder bekommen einen tellergroßen Kreis (aus buntem Tonpapier / Filz / Stoff / Pappteller) und ein Teelicht. Nun darf jedes Kind sein Teelicht an der großen Kerze anzünden und dabei einen kleinen Danke-Satz sprechen: »Gott, ich danke für das Licht« (oder: die Freunde / das Essen / meine Katze ...). Gemeinsam wiederholen wir den ›Lichtspruch‹ aus dem ›Ritual zum Beginn der Stunde‹ (**R 3**) und begleiten ihn mit Gesten. Ein Segenslied bildet den Abschluss. ›Still werden vor uns'rem Gott‹ (**L 9.4**). Dieses Ritual kann öfter wiederholt werden, so dass auch die zurückhaltenden Kinder mit der Zeit ein kleines Gebet formulieren können. Damit kein Gefühl von Unvermögen entsteht, helfen die Kinder einander mit Ideen, wofür wir dankbar sein können.
- **Namens-Meditation 1: Jes 43,1 / Jes 49,16.** Hinführung: ›Sei einmal ganz leis', sei einmal ganz still, weil ich etwas weiß, das ich dir sagen will‹ (**Lied 14**). In der Mitte steht eine Kerze, L legt eine aufgeschlagene Bibel dazu. Alle Namensschilder der Kinder sind strahlenförmig im Kreis angeordnet. Die Kinder finden heraus, um welches Buch es sich handelt (ggf. kurze Erläuterungen). L: »Ich möchte euch heute etwas sehr Schönes aus der Bibel vorlesen.« Text: Jes 43,1 ›Fürchte dich nicht, ich habe dich bei deinem Namen gerufen, du gehörst zu mir‹ (Alternativ: Jes 49,16: ›Schau, ich habe dich in meine Hand geschrieben‹) / **UG:** Gott kennt uns mit Namen, er ist bei uns,

auch wenn wir ihn nicht sehen. L holt nacheinander jedes Namensschild aus der Mitte und segnet jedes Kind: ›Gott spricht: (Name), fürchte dich nicht, ich habe dich bei deinem Namen gerufen, du gehörst zu mir.‹

- **Bildbetrachtung* / Worte-Wissen*: Geborgenheit. M 5: Geborgen in Gottes Hand.** (Zeichnung von Käthe Kollwitz ›Kopf eines Kindes in den Händen der Mutter‹). **Gestaltungs-Idee:** L löscht das Kind aus der Darstellung, jedes Kind malt sich selbst in das Bild hinein und schreibt Worte hinzu, z.B. ›Bei Gott bin ich geborgen‹.

- **Freie Heftgestaltung*: Gott kennt meinen Namen.** Jedes Kind schreibt seinen eigenen Namen in die Mitte der Heftseite (oder klebt die Namenskarte ein). Die Kinder entwickeln Ideen, das Umfeld zu gestalten mit Farben und Formen, die Gottes Liebe zu uns ausdrücken (Beispiel: Ringsum helle Strahlen, Herzen, bunte Muster ...). Die Kinder schreiben kleine, eigene Überschriften (Beispiel: Gott kennt mich).

- **Lieder Teil 5: Anfangslieder Religion (Lied 1 und 2)**
- **Lieder Teil 6: Lieder zur Kreisbildung (Lied 10, 14 und 15)**
- **Erstes Theologisieren*: Gott hat viele Namen!** ›Vom Aufgang der Sonne‹ (**LB 13.1**) (Kanon mit Bewegungen). Empfehlung: Da die Anrede ›Herr‹ für die Kinder noch nicht greifbar ist, kann dieser im Lied ersetzt werden mit ›... sei gelobet der Name von Gott‹. Theologisieren: Gott hat viele Namen, Menschen gehören verschiedenen Religionen an und nennen Gott auf unterschiedliche Weise (Jahwe, Allah, Großer Geist ...).

- **Namensschilder – Namensbilder / UG:** L teilt die Namenskarten der Kinder aus (siehe letzter Baustein). »Seht, eure Namensschilder sehen alle unterschiedlich aus. Sicher sind auch unterschiedliche Dinge für euch wichtig.« **UG:** Was ist mir wichtig? / Was oder wen habe ich sehr lieb? Eltern, Geschwister, Tiere, Lieblingsdinge. Die Kinder malen auf den Leerraum des Namensschildes (oder auf die Innenseite) all das, was in ihrem Leben wichtig ist. Gemeinsam betrachten wir diese und stellen Fragen. Ein **Mutmachkreis*** kann sich anschließen.

- **✎ Geschichten über Unterschiede / UG:** Manchmal möchten wir anders aussehen, anders sein. **Die Geschichte vom Nilpferd** (aus: Relifix 1, Themenbereich 1 ›Miteinander umgehen‹, M 6). / **UG:** Jeder Mensch sieht anders aus, jeder Mensch ist einmalig. **M 6: Die Geschichte vom Eichhorn und vom Nashörnchen** (von Mischa Damjan und Hans de Beer) / **UG:** Alles hat seine Richtigkeit in der Schöpfung. **M 7: Fisch ist Fisch** (von Leo Lionni). Objekt-Impuls: Kleine Holz-, Stoff- oder Kunststofftiere (Fisch und Frosch).
  UG: Der Fisch wollte etwas anderes sein als nur ein Fisch ... (die Kinder erraten mögliche Wünsche des Fisches). Wann und warum möchten wir manchmal anders sein?
  Bilderbuch: Tico und die goldenen Flügel (von Leo Lionni) / **UG:** Federn als Fähigkeiten verstehen. Meine, deine besonderen Fähigkeiten! L schenkt jedem Kind eine Feder für die jeweilige Fähigkeit der einzelnen Kinder.

- **Trickfilm: Anders-Artig** (7 Min.). Eine Geschichte über fünf Chamäleons.

- **Das bin ich! / UG: Was ich gerne mag.** Ein Arbeitsblatt mit Lieblingsaspekten aus dem Alltag der Kinder. **M 8: Das bin ich!**

- **Jeder von uns ist ein geliebtes Kind Gottes. K 2: Wir sind kostbar und von Gott geliebt**

- **Lieder Teil 7: Kindermutmachlieder (Lied 7, 8, 11 und 12)**

- **Namens-Meditation 2:** Material wie in Meditation 1 (S. 24) (ohne Teelichter). Die Kinder gestalten ›Ich-Bilder‹, indem sie mit bunten Wollfäden ihren Vornamen oder den Anfangsbuchstaben auf den Kreis legen und mit unterschiedlichen Legematerialien (Muscheln, Steinchen ...) schön gestalten. Wir singen gemeinsam ein Segenslied (auch als Kanon möglich) ›Von allen Seiten umgibst du mich‹ (**LB 10.10**). L segnet abschließend jedes Kind »(Name des Kindes), sei gesegnet mit dem Licht Gottes.« Mit den Anfangsbuchstaben können die Kinder die einzelnen Namen spielerisch wiederholen.

- **Ideen aus der Kett-Praxis:** Religionspädagogische Praxis 2007/1: ›Ich habe dich bei deinem Namen gerufen, du bist mein‹! (S. 4–13)

- Lieder zum Abschluss: ›Immer ringsherum, wir reichen uns die Hände‹ (**LB 11.2**).
- ✎**Schaut, was ich kann!** Jedes Kind darf in die Mitte und vorzeigen, was es gut kann. Die anderen Kinder versuchen, es nachzuahmen.
- ✎**Jeder Mensch sieht anders aus!** Die Kinder sehen sich im Kreis um und benennen ihr unterschiedliches Aussehen (Kleidung, Haar, Gesicht ...). Insbesondere die Augenfarben sollten benannt werden, und jedes Kind sollte jedem in die Augen schauen. (Poetische Gedanken können geäußert werden: »Deine Augen sind wie das Meer / wie der Nachtwald / wie der Himmel ...«). An dieser Stelle empfiehlt sich die Warm Up-Übung ›Zauberland‹ (**B 3b: Wake Up – Warm Up 2** Reime, Rhythmen und Bewegungsreisen zum Aufwachen).
- ✎**Jeder von uns hat eine andere Herkunftsfamilie.** Die Kinder bringen Bilder und Gegenstände mit in den Unterricht und erzählen von den Herkunftsländern ihrer Vorfahren und geben einzelne ›Kostproben‹ ihrer Fremdsprachen-Kenntnisse.
- ✎**Liedempfehlung für interkulturelle Religionsklassen:** ›Jeder ist anders‹ (Unicef-Projekt: ›Uni Zoff & die Maschsee Piraten‹, Lied Nr. 22, unmada Kinderlieder / www.unmada.de).
- ✎**Ich-Du-Wir-Spiel.** (Variation zum Spiel ›Obstkorb‹). Bei diesem Kreisspiel wird zunächst die Aufmerksamkeit der Kinder auf ihre äußeren Merkmale gelenkt (später dann auf Herkunftsland der Vorfahren, verschiedene Sprachen u.a.): Aussehen, Haar- und Augenfarbe, Kleidung u.a. **M 9: Ich-Du-Wir-Spiel.**
- **Rituale* zum Geburtstag / Geburtstagskalender bauen / R 4: Heut' ist dein Geburtstag.** Ein jeder von uns hat an einem anderen Tag im Jahr Geburtstag! Alle Geburtstage in einen Kalender eintragen oder einkleben, der gemeinsam gestaltet wird. Mobile-Idee: Ein Holzkreis o.ä. dient als Befestigung für die zwölf Monate in Form von verschiedenfarbigen Holzkugeln oder Schleifen (Frühling: pink / Winter: weiß ...). An Fäden werden Papierkreise daran befestigt, welche die Kinder mit einem Selbstbild und rückseitig mit ihrem Geburtstagsdatum versehen.

GEFÜHLE HABEN NAMEN – GEFÜHLE KÖNNEN WIR SEHEN UND ZEIGEN

Die Schülerinnen und Schüler nehmen wahr, dass Freude und Leid, Angst und Geborgenheit zum menschlichen Leben gehören (→ 1.1)

✎ = *Impulse für das Schulcurriculum und für fächerverbindendes Arbeiten*

- ✎**Bilder spiegeln Gefühle. M 10: Bilder, Farben und Gefühle** (Farbdruck A4: Zwei Kunstbilder: 1. Mark Rothko, Ohne Titel, 1955; 2. Robert Delaunay, Formes circulaires, Soleil et Lune, 1912/1913. Die Farbdrucke sollten als Farbfolien für den OHP zur Verfügung stehen.) **Bildbetrachtung.** L zeigt jeweils nur ein Bild und motiviert die Kinder, diese Bilder zu ›fühlen‹: Welche Gefühle wohnen wo im Bild? Wo im Bild würdest du gerne wohnen? Wo nicht und warum? (siehe Literaturempfehlung ›Ich möchte wissen, was dahinter ist ...‹ Moderne Kunst im RU).
- ✎**Trickfilm: Die Königin der Farben** (5 Min.) / **UG** Thema: Individualität / Gefühle und Farben.
- ✎**Wie Angst und Traurigkeit wachsen: Bilderbuch ›Die Perle‹** von Helme Heine (Middelhauve 1994) / **UG** / **Klickbilder*:** Welche Gefühle finden wir in dieser Geschichte? Wie entstehen diese Gefühle? Wann/wodurch verändern sich diese Gefühle? Welche Gefühle sind auch uns bekannt? Wie können wir diese Gefühle durch Klickbilder sichtbar machen?
- **Farbenfühlen*:** L legt verschieden farbige Flächen (Papier- oder Stoffstücke) in die Mitte oder befestigt diese an der Tafel. Die Kinder wählen, welche Gefühle zu welchen Farben passen könnten. Dabei gibt es keine richtigen oder falschen Entscheidungen, sondern die Bestätigung der Farbwahl des einzelnen Kindes.
- ✎**M 11: Arbeitsblatt ›Wie fühlt sich Hase Hoppe?‹** Die Kinder benennen zunächst gemeinsam die unterschiedlichen Gefühle des Hasen.
- ✎**Gruppenarbeit: Gefühle haben Namen. a) Gesichter gestalten und benennen:** Die Kinder bekommen runde Papiere ausgeteilt und bemalen diese mit unterschiedlichen Gesichtern. Anschließend wird erraten, um welchen

Ausdruck es sich jeweils handelt. Dabei ist das Benennen der verschiedenen Gefühle vorrangig. **b) Gefühle haben Gründe / Rollenspiele:** Zu den einzelnen Gesichtern erfinden die Kinder kleine Geschichten über das Entstehen der jeweiligen Gefühle. Die Gruppen entwickeln kurze Rollenspiele, die besprochen und evtl. weiter gespielt werden hinsichtlich möglicher Interaktionen (Kinder spielen die Stücke weiter und greifen ggf. tröstend, schlichtend usw. ein). **c) Gefühle haben Farben:** die Kinder versuchen, ihren Gesichtern Farben zuzuordnen, die zum jeweiligen Gefühl passen könnten, und malen die Gesichter mit diesen Farben aus.

- ✍ **Gefühle können wir zeigen! Ein Lied für alle Gefühle:** ›Wenn du glücklich bist, dann spring' in die Luft‹ (**LB 8.2**) (nach der Melodie ›von den Blauen Bergen kommen wir‹) (Idee: Relifix 1, M 8). Intention dieses Liedes ist die Ausdrucksschulung der Kinder in Stimme und Mimik und vor allem die Schulung der Ausdrucksfähigkeit durch Körpersprache. Gehemmte Kinder sollten Ermutigung darin erfahren.

- **Siehe Lieder Teil 8: Gefühlte Lieder.** ›Das Lied von den Gefühlen‹ (**Lied 13**) / ›Du bist immer da‹ (**Lied 7**) (Texterweiterung: ›Wenn ich lache / weine, bist du da‹).

- **Bewegtes Gebet / Segen / Lied*:** 1. Wo ich gehe, wo ich stehe, bist du, guter Gott, bei mir. Wenn ich dich auch niemals sehe, weiß ich dennoch: du bist hier. 2. Wenn ich lache, wenn ich weine, bist du, guter Gott, bei mir. Darum bin ich nie alleine, ich gehöre ja zu dir. (Oder: ... Hab' ich Angst und bin alleine, weiß ich dennoch: Du bist hier.)

- **Freies Malen*:** Gefühle-Bild / **Stilles Schaffen*.** Jedes Kind bekommt ein stärkeres Papier, mind. A3-Format (Optimum: quadratisches Format) und gestaltet mit Wachsfarben ein eigenes Gefühle-Bild. Dafür wählt jedes Kind einen eigenen Platz im Raum (auf dem Boden, an einem Tisch), wo es ungestört alleine und in Stille arbeiten kann. Ein **Mutmachkreis***, in welchem jedes Kind sein Bild erläutern kann und wo Rückfragen gestellt werden können, schließt sich an.

- **Einander unsere Gefühle sagen.** Häufig belasten ungelöste Konflikte die Klassensituation. Ein regelmäßig eingesetztes Feedback-Ritual kann sowohl Klärung verschaffen als auch die Fähigkeit zu einem positivem Feedback schulen (die Kraft des Lobens!). Zunächst sollten die verschiedenen Gefühle besprochen werden, die hinter den Gesichtern wohnen könnten. **R 5: Feedback-Ritual mit Karten.**

- ***Tränen teilen – Freude machen / Rollenspiele und Interaktionen.** (siehe interaktives Rollenspiel*) Impuls-Bilder für tränenreiche Situationen: **M 12: Bildimpulse** ›Tränen teilen‹ / **UG:** Wie es zu Tränen kommen kann. **Rollenspiele:** Die Kinder entwickeln in Kleingruppen Rollenspiele zu Momenten der Traurigkeit und der hilflosen Wut. **Interaktionen:** Die Szenen werden der Gesamtgruppe vorgespielt, einzelne Kinder dürfen alleine oder in Kleingruppen die Szene weiterspielen und Lösungsstrategien für die eröffneten Konfliktsituationen aufzeigen, die anschließend reflektiert werden.

- **Aktion*: Freude machen.** Gemeinsam überlegen wir, wie wir einander mit einfachen Mitteln kleine Geschenke machen können. Dies können Streichholzschachtel-Geschenke sein, selbstgemalte Bilder oder Postkarten mit guten Gedanken füreinander oder andere Dinge, die kaum etwas kosten, aber individuellen Wert haben. Die Kinder wählen selbst, wen sie beschenken möchten, oder ziehen Namenskärtchen.

- **Flüsterwünsche-Ritual*:** Zunächst weist L durch den **Objekt-Impuls*** Gratulationskarte / Geburtstagswünsche auf gute Wünsche hin, die Menschen einander schenken. Gemeinsam werden solche Wünsche benannt und evtl. an der Tafel skizziert (Begriffe oder Zeichen: Blümchen, Sterne, Sonne ...). In Zweiergruppen überlegen die Kinder, welchen Wunsch das andere Kind wohl dringend brauchen könnte. Gemeinsam wird ›Sei einmal ganz leis, sei einmal ganz still, weil ich etwas weiß, was ich dir *wünschen* will‹ (**Lied 14**) gesungen. Anschließend flüstert jeweils ein Kind jeder Gruppe dem anderen Kind seinen (ernst gemeinten) Wunsch ins Ohr. Bevor das zweite Kind seinen Wunsch weiterflüstert, wird das Lied wiederholt.

- ✎Foto-Impressionen / UG zu unterschiedlichen Gefühlen: AHR 2, Bd. 1, S. 166 / ›Gefühle zeigen‹ 50 Bilder für die Arbeit mit Jugendlichen und Erwachsenen (auch für die GS geeignet!), Prod.: Ev. Mediendienst München.
- ✎›Traurig-Froh‹-Barometer. Auf runde Pappscheiben (Bierdeckel) malen die Kinder auf Vorder- und Rückseite je ein trauriges und ein fröhliches Gesicht (im Smilie-Stil). Zuvor wird eine Schnur daran befestigt, so dass die Kinder diesen ›Gefühlsanzeiger‹ für ihre Kinderzimmertüre zu Hause verwenden können.
- ✎Gruppenarbeit: Gefühle-Alphabet. Die Kinder bilden Kleingruppen und versuchen, zu den jeweiligen Buchstaben Gefühle zu nennen und ggf. aufzuschreiben (Buchstabenkarten oder ein Arbeitsblatt können dafür hilfreich sein). L sammelt diese auf der OHP-Folie.
- ✎Gefühlskarten, Rollenspielkarten und Streitregeln (Bergedorfer Grundschulpraxis 1. Klasse M 1.5 / 1.8 / 2.15–17)

IN DIE STILLE GEHEN – AUSSEN UND INNEN: DER SPIRALWEG

Die Schülerinnen und Schüler können an Feiern und Ritualen mit Verständnis teilnehmen und sich beim gemeinsamen Singen, Beten und Meditieren angemessen verhalten (→ 6.2)

✎ = *Impulse für das Schulcurriculum und für fächerverbindendes Arbeiten*

- Imagination*: Außenbilder – Innenbilder. Die Kinder werden gewahr, dass eine äußere Bilderwelt und eine innere Bilderwelt existiert und dass die innere die Welt eigener Imaginationen ist (die Welt der Phantasie). Die inneren Bilder aber können wir erst dann deutlich wahrnahmen, wenn es still um uns ist und wenn wir die ›äußeren‹ Augen schließen. Durch folgende Imaginationsübungen wird u.a. für die Kinder deutlich, dass die innere Welt bei jedem Kind unterschiedlich ist. B 5: Ich kann dir vertrauen – Ich schließe meine Augen (Spiel 1: Blind und trotzdem sehend!)
Kleine Interaktions-Übungen, die uns helfen miteinander und vertrauend den Weg in die Stille zu gehen.
- ✎K 3: Kräfteschulung* ›Die Stille ist innen‹ (Der Spiralweg). Die Kinder lernen ›innen und außen‹ durch das spielerische Begehen ihres selbst gebauten Spiralweges kennen. (Dieser Weg ist eine Vorübung und begegnet erneut in der Ostereinheit: Vom Dunkel zum Licht und zur Adventszeit: ›Der Weg zum Weihnachtslicht‹.)
- ✎Freie Heftgestaltung*: Spiralweg. Die Kinder malen einen eigenen Spiralweg auf eine DIN A4-Seite und entwickeln eigene Ideen für die Mitte (eine Kerze, ein Herz ...). Den Weg in die Mitte können sie bunt gestalten (Ideen: Jeden ›Schritt‹ in einer anderen Farbe / schnelles Malen mit unterschiedlichen Farbstiften zur Mitte hinein und dann wieder heraus ...). Jedes Kind benennt eine eigene Überschrift (Beispiel: Der Weg zur Mitte / Schneckenweg ...).
- ✎Die Stille halten können: Kräfteschulung* (siehe den methodisch-didaktischen Artikel ›Das Modell der Kräfteschulung‹ in diesem Band). ›Die Kinder können in die Stille gehen‹ K 3: Die Stille ist innen (Erlebnisgestalt: Schneckenhaus). In einer folgenden Kräfteschulung kann von L die Erlebnisgestalt ›Stein‹ eingesetzt werden, der die Kraft der Stille in sich trägt.
- ✎Aus der Bewegung in die Stille. Wenn die Kinder Bewegungsbedarf (oder -mangel) zeigen, können die kindlichen Energien in kleinen Bewegungsspielen Raum und auf diese Weise einen Weg in die Stille finden. Die Spiele folgen dem einfachen Muster Dynamik – ›Ausruhen‹ – Stille). B 2: Aus der Dynamik in die Stille / B 3a: Wake Up – Warm Up 1 Aufgepasst! (kurze Fokussierungs-Sequenzen im Kreis) / B 3b: Wake Up – Warm Up 2 (Reime, Rhythmen und Bewegungsreisen zum Aufwachen!).
- B 6: Kleine Schritte in die Stille (Lied 2, 10, 14 und 15)
- ✎Stille-Spiele für die ganze Klasse (siehe Literaturempfehlung): Mit dem Regenmacher Stille-Übungen anbahnen, Imaginationsfähigkeit und Phantasievermögen (siehe Phantasiereisen*) fördern. ✎M 3: Rasseln und Regenmacher (Bauanleitung)
- Lieder Teil 9: Lieder für die Stille (Lied 2, 10, 14 und 15)
- Eigenständige Melodie- und Bewegungsbegleitung: ›Wenn ich will, gehe ich nach innen, denn dort ist es still. Dann geh' ich wieder raus aus unsrem Schneckenhaus.‹

- **Gebete-Büchlein / Elternbrief.** Die Kinder gestalten ein eigenes Büchlein, indem sie die einzelnen Gebete ausschneiden, falten, die fehlenden Wörter eintragen und bunt gestalten. Die Gebete werden jeweils Rücken an Rücken aneinander geklebt. **M 13a: Gebete für überall (I).** Für plastische Gestaltungsideen des Gebete-Büchleins (Faltblume / Boot ...) eignet sich **M 13b: Gebete für überall (II).** Die einzelnen Gebete können auch zeitlich versetzt im Unterricht gestaltet und jeweils von L gesammelt werden. Auf diese Weise dient das Büchlein als jeweilige Vertiefung der einzelnen Basisthemen (Beten lernen, Schutzkreis, Herz, Hand und Körperhaus). Das Gebete-Büchlein nehmen die Kinder mit nach Hause. Auch sind sie als Unterstützung für die Eltern gedacht, die ihre Kinder im Gebet dadurch begleiten können. Auf diese Weise kann eine feine, rituelle Brücke zwischen Schule und Zuhause gebildet werden. In diesem Kontext empfiehlt sich ein Elternbrief mit Literaturempfehlung für die Eltern hinsichtlich der spirituellen Begleitung ihrer Kinder (Elternliteratur / Spiritualität / Kinderbücher u.a.). **M 13c: Elternbrief / M 13d: Literaturliste für die Eltern.**

- ✎**Menschen beten auf unterschiedliche Weise.** Info: Es gibt viele Religionen. In jeder Religion beten die Menschen auf eine eigene Weise. Die Kinder erzählen zunächst, welche Gebetshaltungen sie schon kennen. **M 14: Menschen beten auf unterschiedliche Weise (Gebetshaltungen) / UG:** Die Kinder versuchen, die unterschiedlichen Zugehörigkeiten der Gebetshaltungen zu benennen und nehmen zur Erprobung unterschiedliche Gebetshaltungen ein.

- **Die Freiheit der Gebetshaltung / Beten und Körperwahrnehmung.** Unsere Konfession zeichnet sich u.a. durch die Freiheit der Gebetshaltung aus: Jeder Mensch kann wählen, wie er beim jeweiligen Gebet sitzen oder stehen und auf welche Weise er die Hände halten möchte. Die Kinder können dies gleich erproben an einem gemeinsam gewählten Gebet. Individuell erspüren die Kinder, welche Haltung heute die ist, die sich stimmig anfühlt, und zeigen diese den anderen Kindern (dadurch entwickelt sich das Gefühl für die Verbindung von Beten und Körperwahrnehmung, siehe Bewegtes Gebet / Segen / Lied*).

- **Die offene, aufrechte Gebetshaltung einüben: Sitzen wie Königskinder.** Häufig fällt auf, dass bereits Kinder der Eingangsklassen sich kaum mehr aufrecht sitzend halten können. Mit der spielerischen Aufgabe, wie Königskinder zu sitzen, kann dies, wenn auch nur kurzzeitig, geübt werden. L geht reihum und berührt ganz leicht den Scheitelpunkt eines jeden Kindes und setzt dadurch jedem Kind ein ›Königskrönchen‹ auf, sobald es aufrecht, d.h. mit gerader und gleichzeitig entspannter Wirbelsäule sitzt. So kann das Krönchen mit Würde getragen werden, denn: Wir alle sind Kinder Gottes und so kostbar wie Königskinder eben sind.

- **Weitere Gestaltungsideen für Kindergebete. Windgebete:** Gebete werden auf kleine, quadratische Stoffstücke aufgemalt und/oder geschrieben und an einer Leine wie Wäsche befestigt, so dass sie im Wind wehen. **Baumgebete:** Dankgebete für die Schöpfung können auf Papier geschrieben, wie kleine Schriftrollen aufgerollt und mit Fäden an den Ästen eines Baumes aufgehängt werden. **Fenster- oder Farbengebete:** Aus weißem Transparentpapier werden Formen ausgeschnitten, auf welchen die Kinder mit buntem Transparentpapier Gebete mit farbigen Formen aufkleben. Diese finden ihren Platz am Fenster.

- **M 15: Ten Fingers for You! Bewegte Gebete in englischer Sprache**
- **Lieder Teil 11: Lieder in englischer Sprache**
- **Erzählung und UG / Erzählung:** ›Varenka‹ (AHR 1, S. 186).

GEBORGEN UND GESEGNET SEIN – DER SCHUTZKREIS

Die Schülerinnen und Schüler wissen sich von Gott geliebt (→ 1.2). Sie drücken eigene Vorstellungen von Gott aus (→ 4.1)

- **Die Urform des Kreises spielerisch erleben:** Wir spielen ›Lebendiges Mandala‹ und bilden mit unseren Armen, Beinen, Händen, mit dem ganzen Körper Kreismuster (alle Füße zur Mitte, alle Hände ...). Siehe auch **B 1: Wir bilden den Kreis.**
- **Der Schutzkreis. K 4: Schutzkreis – Wir sind bei Gott geborgen und geliebt.** Vorausgehend kann ›Halte zu mir guter Gott‹ (**LB 2.3**) gesungen oder gemeinsam mit den Kindern gebetet werden.
- **Freies Malen* / Freie Heftgestaltung*: Bei Gott bin ich geborgen.** Die Kinder malen einen großen Kreis in ihr Heft. Aufgabe ist es, mit Farben darzustellen, wie sich Geborgensein anfühlt. Wer mag, kann sich selbst in die Mitte des Kreises malen und den Kreis anschließend bunt gestalten mit Farben für Geborgenheit und Schutz. Nur im Ausnahmefall sollten Ausmalbilder eingesetzt werden (siehe Freies Malen*). **M 16: Bei Gott bin ich geborgen.** Das Kind malt sich selbst in die Mitte. Außenfelder: Farben für Geborgenheit und Schutz. Wortergänzung: ›GEBORGEN‹.
(Anmerkung: Bevor ein Ausmalbild eingesetzt wird, sollten die eigenen Bildgestaltungsideen der Kinder unterstützt und gefördert werden. Nur durch eigene Bilder entwickeln sich Kreativprozesse und Ausdrucksschulung, die nach innen wirken.)
- **Lieder Teil 10: Segenslieder (siehe Lied 3, 4, 7, 8 und 16)**
- **M 13a: Gebete für überall (I).** Für plastische Gestaltungsideen des Gebete-Büchleins (Faltblume / Boot ...) eignet sich **M 13b: Gebete für überall (II).**
- **Ritual****: 10 Minuten Segenszeit.** (Siehe Bewegtes Gebet / Segen / Lied*) Diese Segensrunde stellt eine Zeit der gegenseitigen Ermutigung dar: Jedes Kind bekommt von einem anderen Kind einen Segen zugesprochen. Eine in (Körper-)Kontakt geübte Klasse kann die einzelnen Segenswünsche in Berührungs-Erfahrung oder in gestische Bilder umsetzen. (Beispiel: Die Kraft des Bären durch Gesten deutlich machen / Schutz der Engel: Einen Schutzkreis um das gesegnete Kind bilden ...). **R 6: Zehn Minuten Segenszeit.**
- **Theologisieren* / Freies Gestalten*:** Wie können wir uns Gott vorstellen? ›Wie‹-Sätze bilden (Beispiel: Gott ist wie ein Schutz um uns herum / wie eine Mutter, ein Vater ...). Sammeln: Was würden wir Gott gerne fragen? **Unser Buch von Gott:** Die Kinder wählen aus unterschiedlichen Papierqualitäten Material aus und malen, zeichnen oder schreiben ... eigene Bilder zum Thema »So stelle ich mir Gott vor ...« oder »Gott ist wie ...«
- **Ausstellung*:** Nacheinander legen die Kinder ihre Bilder in die Mitte (einzeln) und erläutern diese; dabei können Rückfragen gestellt werden, und gemeinsames Theologisieren anhand der Kinderaussagen ist möglich. Alle Bilder werden in einem ›Buch‹ zusammengefasst, welches die Kinder betiteln. (Es ist spannend, dieses Buch in einem der weiteren Schuljahre gemeinsam zu betrachten und die Entwicklung unserer Gottesvorstellungen zu beobachten!)
- **Imagination*: Regenbogen-Segen / UG.** Eine Imaginationsübung, in welcher die Kinder sich den Schutz Gottes wie einen Regenbogen über sich, gleich einem schützenden, segnenden Tor, vorstellen. L spricht zum Abschluss der Imagination einen Segen für die Kinder. Beispiel: »Gott segne dich mit seinem Licht, Gott sei um dich herum, dich zu schützen« / UG: Austausch über Farben und Erleben während der Imagination. **(B 5: Spiel 5 / B 6: Kleine Schritte in die Stille).**
- **Freies Schaffen* / Kinderausstellung:** Thema »Wie wir uns Gott vorstellen«. L unterstützt die Kinder dabei, ihre Aussagen oder Bilder, ggf. auch Objekte aus unterschiedlichen Materialien durch entsprechende Formen präsentationsfähig zu gestalten. So können beispielsweise auf Vlies-Bahnen einzelne Text- und Bildsequenzen befestigt und im Schulgebäude ausgestellt werden.

UNSERE HÄNDE – HÄNDE SEGNEN, HÄNDE HEILEN

- ✍Hände-Aufweck-Spiele: ›Donnerwetter!‹ Und weitere Händegeschichten. **B 3a: Wake Up – Warm Up 1** ›Aufgepasst!‹
- ✍M B 3a: Wake Up – Warm Up 1. Rhythmisches Memorieren ›Rechte Hand und linke Hand‹
- ✍Kreisbildung und Hände-Gebet auf Englisch! M 15: Ten Fingers for you!
- **Unsere Hände können segnen!** (Siehe Berührungs-Übungen*) Lied mit segnenden Handgesten. ›Vom Anfang bis zum Ende‹ (**Lied 8**) (und weitere Segenslieder; Lieder Teil 10). Geeignet ist jedes Lied, in welchem die Hände rhythmisch eingesetzt werden können. **R 1: Segen auf deinem Wege.**
- ›Ausgang und Eingang, Anfang und Ende‹ (**LB 13.2**) Kanon mit Hände-Gesten. (Empfehlung: Für den Anfang, die den Kindern noch fremde Anrede ›Herr‹ mit ›Gott‹ ersetzen.)
- ✍**Unsere Hände können sprechen!** Die Kinder entwickeln selbst Körpergesten, in welchen die Hände eine Botschaft vermitteln. Diese soll erraten werden. Beispiel: ›Stopp‹ / ›Ich lade dich ein‹ / ›Das macht mich wütend!‹ / ›Gib es mir in die Hand!‹ / ›Wir halten zusammen‹ / ›Das war gemein!‹ / ›Klasse!‹ ...
- ✍**Unsere Hände können stark und zärtlich sein.** Für die Krafterfahrung der Hände können die Kinder jeweils zu zweit ihre Handflächen aneinander legen und im Stehen ihre Körper zueinander und anschließend nach außen lehnen. Ziel ist es, dabei im Gleichgewicht zu bleiben. L kann für eine Ersterfahrung für alle Kinder feine, weiche Vogelfedern mitbringen. Die Kinder streicheln sich gegenseitig Hände und Gesicht. Zur Weiterführung: **B 7: Rücken – Entzücken** Interaktive Berührungs- und Achtsamkeitsübungen zur Vertrauensbildung.
- **Unsere Hände können Geborgenheit schenken. K 5: Kräfteschulung ›Einander Geborgenheit schenken‹** Erlebnisgestalt: Vogelnest
- ✍**Konflikt-Management: Heilehände-Ritual / Wir sind wieder gut-Ritual*.** Für Konfliktmomente das Heilehände-Ritual einführen. Konkretes Beispiel: Die Kinder kommen von der Pause, Martin rempelt im Spiel Jeanette so an, dass sie zu Boden fällt und sich den Kopf am Stuhl anschlägt. Sie weint. L bittet nun alle Kinder um Ruhe und in den Sitzkreis. (Dies geht uns alle an!) »Wenn wir jemanden verletzen, können wir das auch wieder gutmachen – macht alle mit!«

  Ritual: Heilende Hände. Wir reiben alle unsere Hände so lange aneinander, bis sie ganz warm sind. L erklärt, dass nun Wärme in den Händen wohnt, und legt behutsam die Hände auf die schmerzende Stelle. Martin hat nun die Aufgabe, seine Hände auf die schmerzende Stelle zu legen und sich zu entschuldigen »Es tut mir leid, ich wollte dir nicht weh tun« (o.ä.). Alle anderen Kinder legen ihre warmen Hände auf eigene Körperstellen, die die Wärme gut gebrauchen können. Je nach Verletzungsgrad darf sich Jeanette 1–2 weitere Kinder auswählen, die ihre Hände tröstend auf ihre Schultern oder Rücken legen (wenn sie das möchte). Wir befragen Jeanette: »Ist das gut so, oder möchtest du es anders haben?« Gewünschte Veränderungen werden vorgenommen. Sobald sich Zeichen der Besserung einstellen, fragt Martin: »Bist du wieder heile?« Falls ja, schließt sich nun das Wir-sind-wieder-gut-Ritual an.

- ✍**R 7: Wir-sind-wieder-gut-Rituale*:** ›Friede sei mit uns ...‹ / **Memorierspruch:** ›Miteinander!‹
- ✍**Versöhnungslieder:** ›Miteinander sprechen ist besser als verdreschen‹ (**LB 8.3**) (Arbeitshilfe Religion Grundschule 1. Schuljahr, S. 156, M 4). Folgender Vers kann ergänzt werden: ›Meine Hände, deine Hände, unsre Hände heilen, lasst uns einfach hier und jetzt eine Weil' verweilen.‹

  ›Friede wünsch ich dir‹ (**Lied 4**)
- ✍**Hände können helfen: Rollenspiele.** Anhand folgender Trickfilme kann ein Transfer in den Alltag der Kinder erfolgen. Die Kinder zeigen in Rollenspielen konkrete Situationen ihres Alltags auf, in welchen die Kinder helfend handeln können.
- ✍**Trickfilm: Der kleine Ritter** (8 Min.) / **UG** Thema: Einander helfen.
- ✍**Trickfilm: Dinner For Two** (7 Min.) / **UG** Thema: Teilen lernen.

Die Schülerinnen und Schüler kennen Regeln, friedlich miteinander umzugehen (Wiedergutmach-Rituale), und wissen, dass ihre Hände segnend und heilend wirksam sein können (→ 2.3)

✍ = *Impulse für das Schulcurriculum und für fächerverbindendes Arbeiten*

- ✎ **Trickfilme: Der kleine Eisbär** (26 Folgen à 5 Min.) / **UG**. Einzelne Filme können ausgewählt werden und unter dem Aspekt des mitfühlenden und kooperativen Handelns.

- ✎ **Feedback / Kultivierung der Emotionen in der Gruppe:** Die Kinder können Bildkarten zu Hilfe nehmen und diese mit eigenen Worten ergänzen. Diese Übung kann regelmäßig durchgeführt werden und schult auf diese Weise Fremd- und Selbstwahrnehmung, Kommunikation und Sprachfähigkeit. **R 5: Feedback-Ritual mit Karten.**

- ✎ **Klanggesten* und Raumklänge mit den Händen entdecken.** Unsere Hände können sehr differenzierte Klänge erzeugen (Klanggesten). Das Repertoire erweitert sich, wenn wir alle möglichen Raumklänge im Klassenzimmer erproben, welche für die bewegte Liedgestaltung des RU interessant sind. Beispiele für Raumklänge: mit den Händen auf Tische, Stühle, unterschiedliche Wandflächen klopfen, patschen, trippeln. Dabei darf immer ein Kind eine neue Idee vorstellen, die von allen nachgeahmt wird. Laut-leise-Variationen werden ebenfalls jeweils durchgespielt **(B 4: Mit Klanggesten und Raumklängen arbeiten).**

- ✎ **Unsere Hände betrachten, befühlen, beschreiben.** Beispiel: »Die Hände von Sarina sind rauh / warm / sie haben viele Linien ...«
  Unsere Hände fühlen sich verschieden an und sehen verschieden aus: In kleinen Gruppen die Unterschiedlichkeit der Hände wahrnehmen / Ratespiel mit geschlossenen Augen: Welche Hand gehört wem? Ein Kind errät durch Hände-Fühlen, welchem Kind seiner Gruppe die Hand zuzuordnen ist.

- ✎ **Unsere Hände können ›sehen‹!** Die Kinder bekommen durch unterschiedliche Tastspiele ein Gefühl für die Wahrnehmungsfähigkeit ihrer Hände. **M 17: Fingerfühlspiele**

- ✎ **Energie-Wahrnehmung in den Händen:** Die Kinder reiben sehr kräftig ihre Hände (Handflächen sowie Finger dabei fest aneinanderdrücken, um Reibung zu gewährleisten).
  UG: Was passiert dabei? Wärme entsteht! Die Kinder legen sich die Hände auf die Wangen und spüren die Wärme.
  Erneutes Hände-Warmreiben ... nun halten wir die Hände in ca. schulterbreitem Abstand und in Augenhöhe, wir bewegen die Hände langsam (Zeitlupe!) aufeinander zu, bis sie sich fast berühren – Achtung: Zwischenraum von ca. 2 cm belassen und das magnetische Prickeln zwischen den Handflächen wahrnehmen! Was mag das wohl sein? UG.
  Da ist eine unsichtbare Kraft, wir können sie als Wärme wahrnehmen. Namen finden: ›Kraft‹, ›Energie‹ ... »Was meint ihr, wozu ist diese Kraft gut?« Gespräch. Lasst es uns ausprobieren:
  Wiederholung der Wärme-Übung und Auflegen der Hände auf Körperstellen, die Wärme brauchen (Verletzungen, Kopf- und Bauchschmerzen ... oder einfach auf unser Herz).

- **Freies Malen*: Die Farben der Heilung.** »Welche Farbe gibst du dieser Hände-Kraft?« Die Kinder zeichnen den Umriss ihrer beiden Hände in das Heft und malen sie mit ihren »Kraft-Farben und -Formen« aus. Nach dem Kennenlernen eines Hände-Liedes (z.B ›Gottes Hand hält uns fest‹ (**LB 10.1**) / ›Gott, du hast uns Augen / Hände gegeben‹ (**LB 5.10**)) ergänzen die Kinder ihr Händebild mit dem Wort ›DANKE‹.

UNSER HERZ – DER ORT, WO DIE GEFÜHLE WOHNEN

- ✍**Wir können unser Herz fühlen: Herzklopfen! / UG.** Um unser Herzklopfen zu spüren, ist eines der bewegteren Kreisspiele als Einstieg empfehlenswert. **B 3a u. 3b: Wake Up – Warm Up 1 und 2.** Wenn alle wieder stillsitzen, erklärt L »Heute wollen wir mit unseren Händen ›sehen‹, was sich hier drinnen (auf die Stelle des Herzens weisend) bewegt!« Die Hände werden warmgerieben und auf die Stelle des Herzens gelegt. L hilft, die richtige Stelle zu finden, damit jedes Kind sein Herz schlagen fühlt. Mit geschlossenen Augen nehmen die Kinder das eigene Herzpochen wahr. Austausch: Da schlägt unser Herz! Vergleiche sammeln: Das Herz ist wie ... (Ofen eines Hauses / ein Motor / ...)
- **Freies Malen*:** Herz und Herzschlag. (Kinderideen sammeln: Herzform, Kreise, klein, größer ...)
- **Das Herz als Symbol** (siehe Symbolfähigkeit*). Gedanken und Übungen zu einer sinnorientierten Pädagogik (siehe Religionspädagogische Praxis, 1998/2).
- ✍**In unserem Herzen wohnen unsere Gefühle! / UG** über verschiedene Gefühle: Traurigkeit, Freude, Angst ... **Objekt-Impulse*:** L formt aus einem roten Tuch ein Herz und legt eine gelbe Blüte (o.ä.) hinein. »Was meint ihr: Was fühlt dieses Herz nun?« Assoziationen der Kinder. L legt nach und nach verschiedene Objekte (Steinchen, Feder, verschiedene Farbflächen hinein, um das Spiel der Assoziation weiterzuführen. **UG.** Kernpunkt: Wir fühlen, was im Herzen wohnt. Aber die Menschen um uns können nicht in unser Herz sehen, sie wissen oft nicht, wie wir uns fühlen.
- **Ritual*:** Stilles Gebet **/ UG:** Wir können Gott sagen, was in unserem Herzen wohnt. **Wort(Text)-Impuls*:** ›Der Mensch sieht, was vor Augen ist, Gott aber sieht das Herz an.‹ **UG:** Gott weiß, wie es uns geht. **Gebet:** »Gott, du siehst unsere Herzen, du weißt, ob wir traurig, ob wir fröhlich sind, du hast uns so lieb, wir dürfen dir alles sagen ...« Ein stilles Gebet der Kinder einführen und pflegen: »Nun darfst du mit deinen Gedanken beten. Du darfst Gott sagen, was in deinem Herzen wohnt. Auch kannst du Gott sagen, was du brauchst.« Nach der stillen Gebetsphase macht L behutsam auf die Beendung aufmerksam und bittet die Kinder, mit einem geflüsterten »Amen« ihr eigenes Gebet abzuschließen; er fügt ein gemeinsam gesprochenes, bereits bekanntes Gebet an.
- ✍**Das mitfühlende Herz: Sterntaler-Märchen / UG.** Die Geschichte eines Mädchens mit schenkendem Herzen kann als Bodenbild-Erzählung gestaltet werden nach der Kett-Methode. (Religionspädagogische Praxis 2000/4: Mitten in der Nacht ist ein Stern erwacht, S. 11–15).
- **Erzählungen vom Herzen / UG:** Herz aus Stein (Franz Kett, RPP 2001/3, Gottes Liebe spüren lassen, S. 41f)
- **Lieder:** ›Gib uns Ohren, die hören‹ (**Lied 9**)
- **Symbolfähigkeit*:** Herz und Blume. L bringt als **Objekt-Impuls*** eine Blüte mit in den Unterricht. Die Kinder reichen die Blüte behutsam reihum, wobei die Kinder jeweils eigene Gedanken (ggf. in direkter Anrede) formulieren. Beispiel: »Du bist sehr schön / du duftest so gut ...«. Anschließend gibt L den Kindern einen Wort-Impuls: »In Indien sagen die Menschen, ›unser Herz ist wie eine Blume‹. Wie können wir das verstehen?« **/ UG:** ›Unser Herz gleicht einer Blume‹. Eine kleine Phantasiereise hilft uns, diese Worte zu verstehen. **Imagination* mit Gesten:** Die Kinder schließen die Augen und legen ihre Hände auf ihr Herz. L erzählt von einer Blüte, die noch verschlossen ist ..., die sich langsam öffnet (die Kinder vollziehen diese Öffnung mit ihren Händen, die sich wie Blütenblätter öffnen). Die Blüte hat viele schöne Farben ... und sie beschenkt alle Wesen mit ihrem wunderbaren Duft ... Am Abend schließt sich die Blüte wieder. **UG:** Leben wie eine Blume, ein Herz haben, das schenkt.
- **Stille-Übung ›Herzensgebet‹.** Die Kinder schließen die Augen und legen ihre Hände wärmend auf ihr Herz. Sobald die Kinder einen vorher abgesprochenen Klang (Klangschale) vernehmen, öffnen sie langsam, wie eine sich öffnende Blüte, ihre Hände. L spricht einen Segen/ein Gebet: »Gott möge Licht und Liebe in unser Herz schenken, damit unser Herz wie eine Blume blühen kann.« Durch einen zweiten Klang wird diese Übung beendet: Die

Die Schülerinnen und Schüler können das eigene Herz lokalisieren und dieses als Raum unseres Fühlens und Mitfühlens assoziieren (→ 1.1)
✍ = *Impulse für das Schulcurriculum und für fächerverbindendes Arbeiten*

Blütenblätter schließen sich wieder. Die Kinder öffnen die Augen, strecken und dehnen sich.

- **Stilles Schaffen* / Mobile oder Heftgestaltung: Herzblume.** Die Kinder malen oder basteln eine Phantasie-Blüte, welche sie auf ein Papierherz befestigen. Auf die Rückseite der Herzen schreiben die Kinder ein kleines Gebet (L unterstützt, indem einzelne Buchstaben auf Wunsch der Kinder an die Tafel geschrieben werden. Alternativ: Name des Kindes). Alle Herzen werden an einem Reif (Ast / Stab) an Fäden befestigt.
- **Symbolfähigkeit*: Wir kommen aus dem Herzen Gottes. M 19: Mittebild des Herzens** (Tafelbild und Heftgestaltung). L spricht den Mitte-Text, L oder einzelne Kinder malen das Tafelbild hinzu.
- **Stilles Schaffen* / Freie Heftgestaltung* / UG:** Die Kinder übertragen das Tafelbild mit individuellen Veränderungen in ihr Heft. Anschließend werden alle Bilder betrachtet und die Einzelheiten der unterschiedlichen Gestaltungen benannt und besprochen.

UNSER KÖRPERHAUS

Die Schülerinnen und Schüler kennen die Glaubensaussage, dass sie und alle Menschen so, wie sie sind, von Gott geliebt werden (→ 1.2). Die Schülerinnen und Schüler nehmen ihren Körper als ein Geschenk Gottes wahr.

✍ = *Impulse für das Schulcurriculum und für fächerverbindendes Arbeiten*

- **Unser Körperhaus / UG:** »Wisst ihr, dass ihr alle ein Haus von Gott geschenkt bekommen habt?« Wortspiele: Unser Körper ist unser Haus, es hat Türen, Fenster, Fundament, Dach, Heizung ... wir können unser Haus »öffnen« (Arme ausbreiten) und »schließen« (Arme um den Körper schließen), nun differenziert damit spielen: etwas öffnen, mehr ... wieder langsam zumachen, ... ganz verschließen, am Boden kauernd.
- ✍**Freude im Körperhaus: Lieder Teil 4: Warm-up-Körperlieder (siehe Lied 2, 5, 6, 11 und 12)**
- ✍**Kontaktspiele. B 8: Rempeln, Raufen, Rücksicht nehmen**
- **K 6: Kräfteschulung* ›Aus Kleinem wächst ganz Großes!‹**
- **Bilderbuchgeschichte: Das Riesenfest** (Max Bolliger / Monika Laimgruber)
- **Kräfteschulung* ›Staunen und Danken‹** (siehe den methodisch-didaktischen Artikel, S. 18)
- **Bewegungsreise*:** ›Alles beginnt ganz klein‹. L begleitet die Entwicklung und das Wachstum durch kurze Sätze, die von den Bewegungen der Kinder ›miterzählt‹ wird. Beispiel: Zunächst liegt das Samenkorn (o.a. Frucht) in der Erde ... die Kinder legen sich auf den Boden und machen sich ganz klein usw.
- ✍**Wir sind gut zu unserem Körperhaus. B 7: Rücken – Entzücken** (Übung 3: Die Blume / Der Baum sowie andere Rücken-Reisen).
- ›Bumm, bidi bumm, wir Kleinen sind nicht dumm!‹ **(LB 7.6)**
- **Körperhaus-Lied:** ›In meinem Haus da wohne ich‹ **(LB 5.9)**. Die Kinder begleiten dieses Lied mit Gesten. Die letzte Geste des Liedes (beide Hände liegen auf dem Herzen) kann zugleich als ein Ritual eingesetzt werden und überleiten in ein Gebet.
- **Mit dem ganzen Körper beten / Alle Wesen der Schöpfung achten. R 8: Ritual ›Segen für die Schöpfung‹.** Dieser Segen für alle Wesen der Schöpfung kann ein Ritual zum Stundenbeginn oder -abschluss werden.
- **Körperhaus-Gebet** (siehe Bewegtes Gebet / Segen / Lied*): ›Gott, ich danke dir für diesen Tag, für alles, was da kommen mag, gehe mit uns ein und aus, beschütze unser Körperhaus.‹ **M 13a: Gebete für überall (I)**
- **Körperhaus-Segenslied:** ›Gott steht hinter dir, er stärkt dir den Rücken‹ **(LB 10.9)**
- ✍**P 4: Meeresreise.** Dafür ziehen sich immer zwei Kinder an einen ruhigen Ort im Klassenzimmer zurück, wobei eines für das andere einen weichen Platz bereitet und während der Reise beschützend die Hände auf das ›reisende‹ Kind legt.
- ✍**Bildgestaltung / Stilles Schaffen*: Mein liebster Ort. M 18: Delphin.** Jedes Kind malt in Ruhe sich selbst in den Kreis zum Delphin (ein Symbol für die Seele). Dabei entscheidet jedes Kind, ob es sich als Tier oder als Mensch hinzu malen möchte, und gestaltet den Hintergrund mit Farben des Lieblingsortes. In den Außenkreis können die Kinder ein kleines Gebet oder den Titel des Bildes hineinschreiben. Alternativ: Schutzfarben und Schutzformen hineinmalen. Passende Musik oder Naturgeräusche wie Meeresrauschen wirken auf die Kinder beruhigend und zentrierend für den Schaffensprozess.

- ✎**Imagination*** / **Gebet: Der starke Baum (Reise durch den Körper).** Die Kinder sitzen im Kreis aufrecht so auf ihren Stühlen, dass beide Fußsohlen flach auf dem Boden stehen. Imagination: Die Füße wurzeln in der Erde, die Wurzeln wachsen in die Tiefe. Dort holen wir uns Nahrung und Wasser. Die Nahrung steigt unseren Stamm entlang, über Beine, Unter- Oberkörper. Nun spüren wir die Sonne ... unsere Äste wachsen langsam der Sonne entgegen und wiegen sich leicht im Wind (dabei strecken sich beide Arme mit weit gespreizten Fingern nach oben, so dass jedes Kind für eine kurze Zeit die aufrechte, offene Körperhaltung erreicht). **Gebet:** Aus Gottes Licht kommt alles Leben, auch der Erde reiches Gut. Mögest du uns heute geben Lebenskraft und hellen Mut.
- ✎**Atembewusstheit und Körperhaltung** / **UG.** Rätsel: Manches Geschenk von Gott ist immer da – nur: wir beachten es nicht. Hinweis: »Wenn ihr ganz still sitzt, könnt ihr es spüren ...« Unser Atem ist ein permanentes Geschenk von Gott. »Wie könnt ihr euren Atem fühlen?« Kinder ertasten am eigenen Körper ihre Atmung. (Sie legen sich ihre Hände auf die unteren Rippenbögen des Brustkorbes.) Wir lassen jetzt die Atmung ganz weit werden (bei aufrechter Haltung). Einatmung: Die Hände weiten sich. Ausatmung: Hände schließen sich vor dem Brustkorb.
- **Kleines Atem-Gebet: ›Ich atme aus ... ich atme ein ... Gott mag immer ... bei mir sein.‹**
  Im Rhythmus von Aus- und Einatmung spricht L dieses Gebet, welches danach von den Kindern innerlich wiederholt wird im eigenen Atemrhythmus.
- **Königskinder-Haltung:** Die Kinder sitzen in der ›Königskinder-Haltung‹ und jedes Kind bekommt imaginär von L ein ›Krönchen‹ auf den Scheitelpunkt gesetzt, das nicht herunterfallen darf. (Übungsdauer: ca. 1 Min./eine Gebetslänge)
- **Körperhaus-Dank:** Die Kinder bekommen die Figur ›Mein Körperhaus‹ (Ausschnitt aus **M 4: Gott hat alles erschaffen**). Sie platzieren darin ihr Gesicht, Haare, ihr Herz und bemalen es mit bunten Farben. »Was magst du an deinem Körperhaus? Welche Farbe gibst du deinen Füßen, dem Bauch ...? Was gestaltest du mit deinen Lieblingsfarben?« Die Aufgabe besteht darin, einzelne Körperzonen bunt und nicht naturalistisch zu gestalten!

Literatur zur Unterrichtsgestaltung

- Wackeln die Zähne – wackelt die Seele, Der Zahnwechsel. Ein Handbuch für Eltern und Erziehende, Monika Kiel-Hinrichsen, Renate Kviske, Verlag Urachhaus, Stuttgart 2001.
- Relifix 1, Hanna Bogdahn, Claudius Verlag, München 2002, (Miteinander umgehen, S. 11–20).
- Anfangsunterricht Religion, Elsbeth Rose Frank, Handreichungen für die Praxis des Grundschulunterrichts. Modelle für den Religionsunterricht. Anregungen und Kopiervorlagen, Calwer Verlag, Stuttgart 2000.
- Bergedorfer Grundschulpraxis 1. Klasse, Persen-Verlag, Horneburg 2006, (S. 9–26, S. 27–55).
- Schönberger Hefte, Religion von Anfang an 3/2000.
- Religionspädagogische Praxis 1999 / 2. Mensch werden – Mensch sein, Gedanken und Übungen zu einer sinnorienterten, ganzheitlichen Pädagogik.
- Ganzheitliche Methoden im RU, Ludwig Rendle, Kösel-Verlag, München 2007.
- Von Phantasiereise bis Körperarbeit. Existenzielle Methoden – gekonnt eingesetzt. Ein Praxishandbuch, Gerda und Rüdiger Maschwitz, Kösel-Verlag, München 2004.
- Kommt und spielt. Bewegter Religionsunterricht im 1. und 2. Schuljahr, Elisabeth Buck, Vandenhoeck & Ruprecht, Göttingen 1997.
- Unterrichtspraxis: Grundschule. Mit Kindern die Stille entdecken, G. Faust-Siehl / E.-M. Bauer / Werner Baur / Uta Wallaschek, Diesterweg, Frankfurt 1993.
- Stille-Spiele für die ganze Klasse, Rüdiger Kohl, Edition humorvolles Lernen, Stolz Verlag, 2006.
- Welt-Segenslieder für Kinder, MVG Medienproduktion, Aachen 2002.
- Kleine Leute, große Töne. Mit Kindern singen, spielen, musizieren, Siegfried Macht, München 2005.

- Wunderwasser, Erdenkinder Kinderwaldchor (und anderes aus aller Welt), Verlag Ökotopia (Lieder, Bücher, CDs – siehe Internet).
- Ich möchte wissen, was dahinter ist – Moderne Kunst im RU, Ilas Körner-Wellershaus, Klett, GS-Verlag, Leipzig 1998, Unterrichtsideen.

AV-Medien:	**Anders-Artig,** Christina Schindler, Deutschland 2001, 7 Min., f., Trickfilm

Anders-Artig, Christina Schindler, Deutschland 2001, 7 Min., f., Trickfilm

Vier grüne Chamäleons schlüpfen aus ihren Eiern. Dann kommt noch ein Chamäleon, aber das ist rot. Die anderen reagieren äußerst zurückhaltend. Nach einem gefahrvollen Abenteuer kommt der Außenseiter in Kontakt mit einem von ihm gerettet grünen Chamäleon. »Anders-Artig« ermutigt Kinder dazu, die Verschiedenheit von Menschen wertzuschätzen. DVD-educativ: mit zahlreichen Anregungen zur Unterrichtsgestaltung.

Die Königin der Farben, Jutta Bauer, Deutschland 1997, 5 Min., f., Trickfilm

Wenn Farben sich streiten, vermischen sie sich und alles wird grau. Darüber muss Malvida, die Königin der Farben, weinen. Doch die Tränen ›entmischen‹ die Farben, und Malvida kann wieder mit ihnen spielen. Ein Märchen über die Bedeutung von Individualität.

Der kleine Ritter, Michael Zamjatnins und Susanne Ziebell-Zamjatnins, Deutschland 1998, 8 Min., f., Trickfilm

Ein kleiner Junge ist fasziniert von alten Rittergeschichten. In seinen Träumen rettet er eine Prinzessin aus dem Rachen eines wilden Drachen. Er bastelt sich eine Rüstung. Als dann ein Mädchen real in Gefahr gerät, will er seinen Heldenmut beweisen. Doch seine »Ritterrüstung« wird dabei zur Falle. Erst durch eine List des Mädchens können beide der Gefahr entkommen, indem sie sich gegenseitig helfen. Ein Trickfilm über Freundschaft und die Identität von Jungen und Mädchen.

Dinner For Two, Janet Perlman, Kanada 1996, 7 Min., f., Trickfilm

Zwei Chamäleons kämpfen um ein Beutetier. Erst nachdem sie während der Auseinandersetzungen in Gefahr geraten, von Krokodilen gefressen zu werden, gelangen sie zur Einsicht über die Unsinnigkeit ihres Tuns. Zusammen mit einem Frosch verzehren sie ihre Beute bei einem friedlichen Mahl. Eine Geschichte über einen Konflikt, die darin unterstützt, Teilen zu lernen.

Der kleine Eisbär, Theo Kerp, 1987–1995, 26 Folgen à 5 Min., f., Trickfilme

Zusammenstellung von 26 kurzen Zeichentrickgeschichten um Lars, den kleinen Eisbären, und seine Freunde, die Schneehäsin Lena und Pieps, die Schneegans, nach den Büchern von Hans de Beer. Die kleinen Tierkinder vom Nordpol sind furchtbar neugierig und so geraten sie immer wieder in aufregende Abenteuer. Die Geschichten thematisieren viele den Kindern bekannte Gefühle.

Wie ein Indianerjunge zu seinem Namen kam

Weit, weit weg in einem Land, wo die Sonne auf ausgedehnte Grasebenen brennt, saß ein kleiner Indianerjunge ganz allein am Fluss. Er war sehr traurig. Jetzt war er schon bald sechs Jahre alt und hatte noch keinen Namen. Man hieß ihn nur »Kleiner«.

Es war der Brauch seines Stammes, den Kindern nicht schon bei der Geburt einen Namen zu geben. Jedes Kind musste seinen Namen irgendwie erwerben. Das war meistens schon vor dem sechsten Lebensjahr möglich. Der ältere Bruder des »Kleinen« hatte sich seinen Namen auch selbst verdient. Eines Tages hatten die Kinder am Fluss gespielt. Der Kleine war ins Wasser gefallen. Der größere Bruder rannte wie ein geschwinder Pfeil, um Hilfe zu holen. So konnte der Kleine gerettet werden. Von da an hieß der größere Bruder »Geschwinder Pfeil«. Seine Schwester, die immer so froh und zufrieden war, wurde »Glückliche Blume« genannt. Für ein Mädchen war das ein feiner Name. Aber der Kleine wollte etwas anderes als eine glückliche Blume sein.

Eines der Kinder wurde »Langsame Schnecke« genannt, weil es immer langsam war bei der Erledigung einer Aufgabe. Der Kleine dachte, keinen Namen zu haben sei immer noch besser als einen solchen.

Der Kleine hatte einen noch jüngeren Bruder, der hieß ganz einfach Wickelkind. So wurden alle jene indianischen Säuglinge genannt. Natürlich hatte auch das Wickelkind noch keinen eigenen Namen.

Der Kleine hatte alles versucht, einen Namen zu verdienen, auf den er stolz sein könnte. Aber nichts Besonderes geschah. Er wollte gerne »Tapferer Adler« oder »Großer Jäger« heißen. Das wären feine Namen, dachte er.

Langsam sank die Sonne. Er erwachte aus seinen Träumen. Er schlug den Weg zum Lager ein. Auf dem Heimweg sammelte er einen ganzen Arm voll Holz und brachte ihn seiner Mutter. »Ich danke dir, Kleiner«, sage sie mit freundlichem Lächeln. »Willst du das Wickelkind für mich hüten? Jetzt kann er schon gut trippeln und könnte davonlaufen und sich im Wald verirren.«

Der Vater des Kleinsten lachte: »Ja, wir brauchen ihn nicht länger Wickelkind zu nennen«, sagte er. »Mit seinen kurzen dicken Beinchen kommt er schon gut vorwärts.«

»Vielleicht läuft er davon und fängt uns einen Bären«, hänselte der Geschwinde Pfeil, »das brächte ihm einen tollen Namen.«

Der Kleine sagte nichts. Er nahm sein Brüderchen bei der Hand. Sie fanden eine stille Ecke, wo sie sich miteinander hinsetzten. Der Kleine nahm Steinchen aus seiner Tasche, damit das Wickelkind damit spielen konnte. Unterdessen bereitete Mutter das Abendessen.

Am nächsten Morgen war der Kleine früh munter. Seine Mutter hatte bereits Feuer zum Kochen angezündet. Freudig lief er zum Fluss und holte das nötige Wasser für die Mutter. Während Vater und der Geschwinde Pfeil fertig aßen, brachte er ihnen Pfeil und Bogen. So konnten sie gleich auf die Jagd gehen. Der Kleine sehnte sich nach dem Tag, wo er auch mit durfte. Aber jetzt musste er noch warten und größer werden. Warum hatte er bloß noch keinen Namen? Darüber war er sehr traurig. Aber es ging nicht lange, so legte ihm der Vater seine Hand auf die Schulter. »Du bist ein großer Helfer«, sage er beim Fortgehen. »Eines Tages wirst du ein tüchtiger Jäger sein; aber es ist wichtiger, ein großer Helfer zu sein.«

Der Kleine war hocherfreut über seines Vaters Worte. An diesem Tag spielte der Kleine glücklich mit den anderen Kindern des Stammes. Er half seiner Mutter, trug Holz und Wasser herbei. Auch hütete er das Wickelkind.

Dann wurden die Schatten länger. Es war Zeit, heimzugehen und bereit zu sein zum helfen. Vater und der Geschwinde Pfeil kamen heute recht früh von der Jagd heim. »Wir haben einen guten Tag gehabt«, erklärte der Vater. »Der Häuptling hat eine besondere Versammlung einberufen. Komm mit, Kleiner, du wirst heute deinen Namen erhalten.«

Der Kleine folgte willig seinem Vater. Er fragte sich, welchen Namen er wohl bekommen werde. »Es wird sicher kein besonderer Name sein«, dachte er betrübt, »ich habe keinen solchen verdient.«

Ruhig saß er da, als all die ergrauten Männer des Stammes entschieden, wie er heißen solle. Niemand konnte sich einer außergewöhnlichen Tat erinnern, die der Kleine getan hätte. Aber alle erinnerten sich daran, wie hilfreich er stets gewesen war. Und sie wurden einig, dass der Kleine jetzt »Großer Helfer« genannt werden solle.

Der Große Helfer hatte Freude an seinem Namen. Dies war ein Name, auf den er stolz sein konnte. Und Großer Helfer versprach, seinem Namen immer treu zu sein.

Norma E. Annesley

Namen memorieren

- L verteilt verdeckt alle Namensschilder. Nun versuchen die Kinder, das jeweilige Namensschild an das dazugehörende Kind weiterzugeben. Dies geschieht gemeinsam: Ein Kind beginnt; es dreht die Karten um und liest den Namen laut vor (ggf. mit Hilfe der anderen Kinder); es versucht zunächst alleine, das Kind mit diesem Namen herauszufinden. (Variation: Die Namenskarten befinden sich auf einem Stapel und die Kinder ›ziehen‹ die einzelnen Karten.)
- Die Kinder haben ihre Namenskarten in der Hand, stehen im Kreis und zählen durch von eins bis ... Ein Kind beginnt und nennt eine Zahl. Das betreffende Kind dreht schnell seine Namenskarte um, die anderen Kinder (oder das Kind, welches die Zahl genannt hat) erraten den Namen des Kindes. Um den Schwierigkeitsgrad nach und nach zu erhöhen, können auch mehrere Zahlen gleichzeitig genannt werden.
- Alle Namenskarten liegen umgekehrt auf dem Boden. Ein Kind darf eines auswählen, mit Hilfe von L den Namen still lesen und Eigenschaften des betreffenden Kindes nennen, das von der Gruppe erraten werden soll.
  Dies kann auch so gestaltet werden, dass die Gruppe Fragen stellt, die lediglich mit ›Ja‹ oder ›Nein‹ beantwortet werden dürfen – so lange, bis das Kind erraten ist. (›Hat das Kind einen roten Pulli an?‹ usw.)

Rasseln statt Quasseln!

Rasseln und Regenmacher (Bauanleitung)

Rasseln

Zur Liedbegleitung und -gestaltung sowie zum Erlernen verschiedener Rhythmen und beidhändiger Koordinationsfähigkeit eignen sich Rasseln, bestehend aus zwei Pappbechern, Kreppband und ›Rasselmasse‹. Diese Rasseln sind in kürzester Zeit gebaut: einfach ein wenig ›Rasselmasse‹ (Nudeln, Reis oder Erbsen ...) in einen der Becher füllen, den zweiten Becher Rand an Rand darüberstülpen und mit breitem Kreppband zusammenkleben – fertig. Bemal- und beklebbar mit Buntstiften, Filz, Stoff oder Papier.

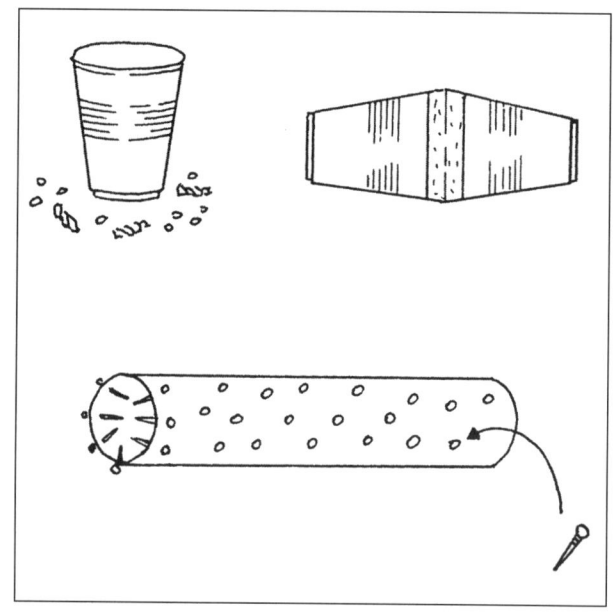

Regenmacher

Für vielerlei Stille-Übungen und Phantasiereisen eignet sich das Geräusch eines Regenmachers, der aus der Kultur der australischen Ureinwohner stammt.

Insbesondere das Heft von Rüdiger Kohl, ›Stille-Spiele für die ganze Klasse‹ (siehe das Literaturverzeichnis, S. 13) enthält Übungen zur Entspannung und Konzentration mit dem Regenstab (Übung 12–19, S. 17–21).

Gott hat alles erschaffen (Ausmalbild und -text)

Text im Bild (Mandala):
ICH GLAUBE, DASS [   ] MICH ERSCHAFFEN HAT ZUSAMMEN MIT [   ] WAS LEBT.

(Nach einem Lied von S. Macht, siehe LB 5.4)

Geborgen in Gottes Hand

Anmerkung: Zur Bildbetrachtung die Zeichnung vergrößern und als OHP-Folie aufbereiten.

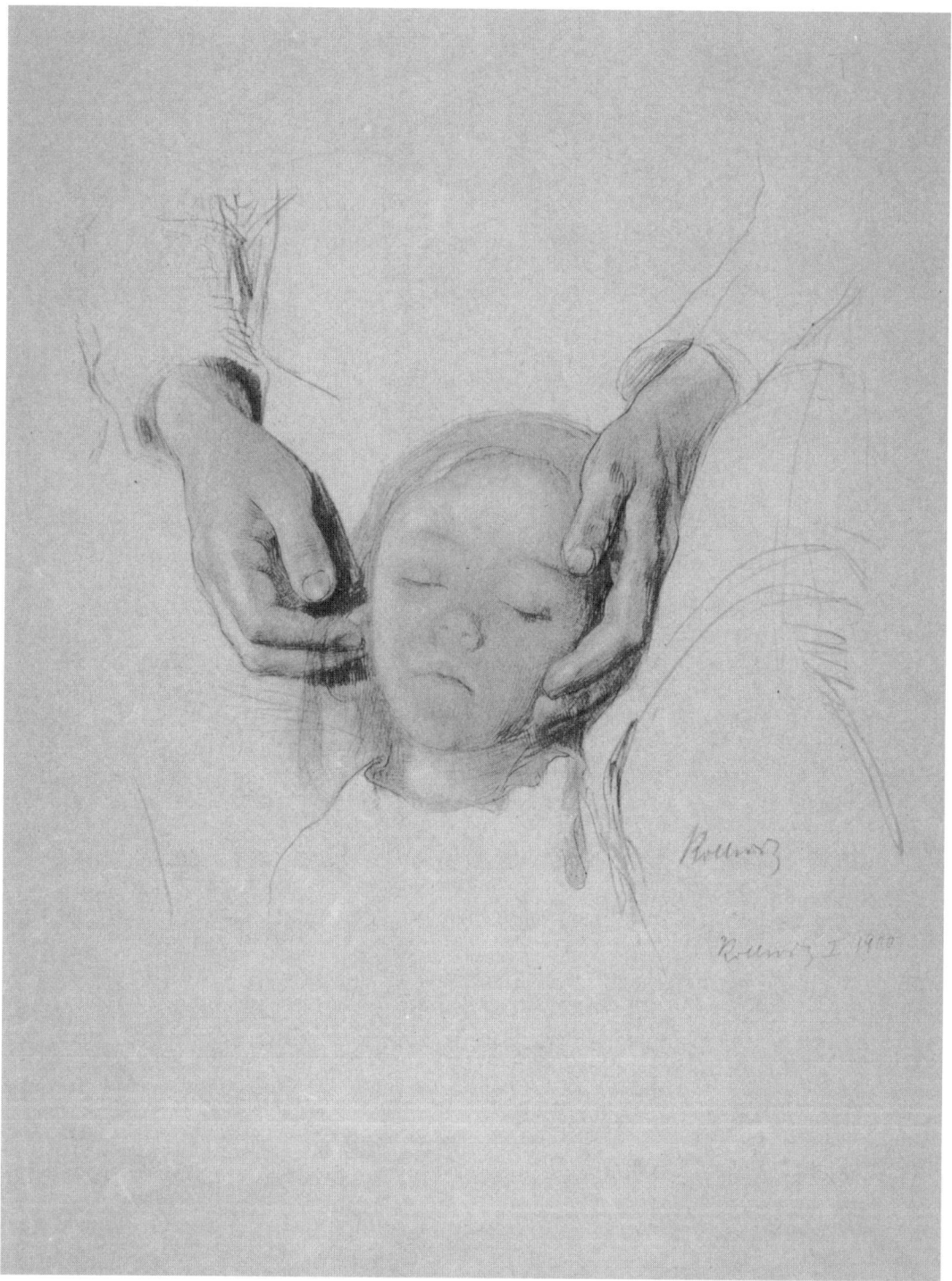

Käthe Kollwitz: ›Kopf eines Kindes in den Händen der Mutter‹ (1900), © VG Bild-Kunst, Bonn 2008

Ideen für die Heftgestaltung:
Die Kinder bekommen eine Kopie dieser Zeichnung und entwickeln einen Begriff als Überschrift. Beispiel:
GEBORGENHEIT / BESCHÜTZT / GELIEBT.
Für einen kleinen Hefteintrag können folgende TA-Impulse Anregungen geben: ›Die Mama ... (liebt ihr Kind / beschützt ihr Kind ...)‹ / ›Das Kind fühlt sich ... (geborgen, sicher, beschützt ...)‹.

Das Eichhorn und das Nashörnchen

Als die Sonne im Wald der Tausend Schatten hinter dem Hügel aufstieg, rot und rund wie ein Luftballon, juckte es das Nashorn am Hinterkopf.

Wütend rannte es gegen einen Baum, auf dem ein Eichhörnchen schlief. Wumm! Der Baum stürzte um, und das Eichhörnchen fiel auf den harten Boden.

»Du blödes Riesenvieh!«, schimpfte es.

Das Nashorn aber lachte nur.

Zur gleichen Stunde ging der Löwe über die Wiese und brüllte aus voller Kraft: »Ich bin Leo der Große! Leo der Starke! Ich bin Leo, der König aller Könige!« Der Löwe brüllte so laut, dass die Erde erbebte. Die Maus kam aus ihrem Loch und piepste: »Nachbar Leo, du hast mich furchtbar erschreckt!« Doch der Löwe überhörte sie und brüllte weiter, bis der ganze Urwald zitterte. Dann streckte er sich zufrieden im Sand aus, schaute endlich zur Maus hin und fragte spöttisch: »Was will mein riesengroßer Freund von mir?«

»Leo, du hast mich sehr erschreckt«, wiederholte die Maus vorwurfsvoll. »Leo, die Starken sollen den Schwachen helfen! Nur so können sie ihre Stärke beweisen«, fügte sie leise hinzu.

Doch der Löwe lachte nur und schlug mit seinem zottigen Schwanz so wuchtig auf den Boden, dass der Sand in alle Himmelsrichtungen flog.

Verärgert kroch die Maus in ihr Loch zurück.

Am gleichen Tag klapperte das Krokodil im Teich fürchterlich mit seinen Zähnen. Der Frosch, der in der Nähe auf seinem Blatt saß, zitterte vor Angst.

»Hör endlich auf! Siehst du nicht, wie ich zittere? Ich kann ja keine Fliegen mehr fangen!«, quakte er.

Das Krokodil aber lachte nur und klapperte noch lauter.

In dieser Nacht machten sich das Eichhörnchen, die Maus und der Frosch auf den Weg, um die Kleintiere im Wald der Tausend Schatten zusammenzurufen.

Sie kamen alle: der Zaunkönig, die Schnecke, der Wurm, der Igel und die Heuschrecke.

Als Erstes sprach das Eichhörnchen: »Ich will groß werden und mich am Nashorn rächen.«

Dann piepste die Maus: »Ich will groß werden und mich am Löwen rächen.«

Der Frosch quakte: »Ich will groß werden und mich am Krokodil rächen.«

Die Heuschrecke schüttelte den Kopf und hüpfte davon. Sie war zufrieden mit ihrer Größe. Ihr folgte schweigend der Wurm.

»Ich möchte auch groß werden, aber nur für einen Augenblick«, zwitscherte der Zaunkönig und hüpfte hinterher.

»Ich habe meine Stacheln, und man lässt mich in Ruhe«, sagte der Igel und lief davon.

»Und ich habe mein Häuschen, das mich schützt«, sagte die eine Schnecke zur anderen, und beide krochen weiter. Doch die Maus, der Frosch und das Eichhörnchen hatten nur einen Wunsch: groß zu werden.

Und das Unglaubliche geschah! Als die Sonne wieder hinter dem Hügel aufstieg, rot und rund wie ein Luftballon, war im Wald der Tausend Schatten vieles anders geworden.

Das Eichhörnchen war jetzt ein Eichhorn, die Maus eine Riesenmaus und der Frosch ein Riesenfrosch. Zufrieden gingen sie auseinander.

Das Nashorn war jetzt ein Nashörnchen, der Löwe ein Löwchen und das Krokodil ein Krokodilchen. Sie schauten einander verdutzt an und schlichen langsam und nachdenklich fort.

Doch bald begann für das Eichhorn ein mühsames Leben. Um seinen Riesenhunger zu stillen, musste es von früh bis spät auf die Bäume klettern. Es war jedoch so schwer geworden, dass die Zweige unter ihm brachen und es am Abend doch nur ein Häuflein Nüsse hatte.

Da dachte das Eichhorn nicht mehr an Rache! Es dachte an früher, als es leicht wie eine Feder von Zweig zu Zweig gehüpft war und Nüsse gesammelt hatte.

Dem Nashörnchen ging es nicht besser. Früher hatten alle Angst vor ihm gehabt. Jetzt lebte es selber dauernd in Furcht. Und als es eines Tages wieder im Zorn gegen einen Baumstamm rannte, wackelte dieser kein bisschen.

Das Nashörnchen aber purzelte in den Staub und bereute bitter seinen Hochmut.

Die Riesenmaus konnte nun nicht mehr in ihr Loch hinein, denn es war viel zu klein. Sie musste sich eine neue Wohnung graben. und das bedeutete viel Arbeit. Da bereute die Maus ihren Wunsch nach Größe und Rache.

Als das Löwchen Hunger bekam, konnte es keine Beute erjagen. »Soll ich denn Gras fressen wie ein Esel?«, murrte es und schlug wütend mit seinem Schwänzchen auf die Erde – doch die erbebte nicht. Kein Grashalm zitterte. Da bereute das Löwchen seinen Hochmut.

Der Riesenfrosch saß in seinem Teich und quakte jämmerlich. Sein Bauch war so groß, und die Fliegen waren so klein. Auch wenn er den ganzen Tag Fliegen fing, hatte er noch Hunger. Da bereute der Riesenfrosch seinen Wunsch nach Größe und Rache.

Das Krokodilchen aber getraute sich nun nicht mehr ins Wasser. Es hatte Angst, von einem Fisch gefressen zu werden. Und wenn der Riesenfrosch friedlich zu quaken begann, zitterte es bis zur Schwanzspitze. So kam es, dass auch das Krokodilchen seine Rücksichtslosigkeit von früher bereute.

Eines Tages kamen die Tiere im Wald der Tausend Schatten wieder zusammen. Sie hatten eingesehen, dass es so nicht weitergehen konnte. Sie versprachen, gut zueinander zu sein. Das Nashörnchen wollte als Nashorn keine Bäume mehr umstoßen, das Löwchen nicht mehr so laut brüllen. Und das Krokodilchen versprach, nicht mehr mit den Zähnen zu klappern.

Als die Sonne wieder hinter dem Hügel aufstieg, rund und rot wie ein Luftballon, nahmen die Tiere wieder ihre vorherige Größe an. Das Eichhörnchen, die Maus und der Frosch wurden wieder klein, das Nashorn, der Löwe und das Krokodil wieder groß.

Schon bald begegnete der Löwe der kleinen Maus: »Guten Morgen, Nachbar«, grüßte Leo freundlich, »kann ich dir helfen?«

»Nein danke, Leo, das ist sehr nett von dir«, piepste das Mäuschen und lächelte.

Zur gleichen Stunde juckte es das Nashorn am Hinterkopf. Langsam trampelte es zum Baum, auf dem das Eichhörnchen wohnte.

»Pass auf, Eichhörnchen, ich werde mich jetzt an deinem Baum wetzen!«, sagte es freundlich.

Auch am Teich war Friede eingekehrt. »Hallo, Krokodil!«, rief der Frosch. »Ich hüpfe jetzt etwas durch die Wiese. So lange kannst du mit den Zähnen klappern.«

Seither sind die Tiere im Wald der Tausend Schatten Freunde und leben friedlich zusammen.

Das Eichhorn und das Nashörnchen. Eine Geschichte von Mischa Damjan, illustriert von Hans de Beer, © 1998 Nord-Süd Verlag AG, CH-8005 Zürich.

Fisch ist Fisch

Im Teich am Waldrand schwammen eine kleine Plötze und eine Kaulquappe zwischen den Wasserpflanzen. Die beiden Freunde waren unzertrennlich. Eines Morgens entdeckte die Kaulquappe, dass ihr über Nacht zwei kleine Beine gewachsen waren.

»Kuck mal«, sagte sie stolz, »kuck doch mal, ich bin ein Frosch!«

»Quatsch«, sagte die Plötze. »Wie kannst du ein Frosch sein, wenn du noch gestern Abend ein Fisch gewesen bist, genau wie ich!«

Sie redeten und redeten, bis schließlich die Kaulquappe sagte:

»Frösche sind Frösche und Fisch ist Fisch, und so ist das nun mal!«

In den Wochen darauf wuchsen der Kaulquappe auch vorn winzige Beine, und ihr Schwanz wurde kleiner und kleiner.

Und eines schönen Tages kletterte ein richtiger Frosch aus dem Wasser heraus auf die Wiese.

Aber auch die kleine Plötze hatte sich inzwischen zu einem richtigen Fisch ausgewachsen. Oft fragte sie sich, wo ihr vierfüßiger Freund wohl geblieben war. Doch Woche und Woche verging, ohne dass der Frosch zurückkam.

Mit einem fröhlichen Plumpsen, das die Wasserblumen ganz durcheinander brachte, hüpfte dann eines Tages der Frosch in den Teich.

»Wo bist du gewesen«? fragte der Fisch aufgerecht.

»Ich bin an Land gewesen«, sagte der Frosch. »Ich bin überall herumgehüpft, und ich habe ganz seltsame Sachen gesehen.«

»Was denn?« fragte der Fisch.

»Vögel«, sagte der Frosch geheimnisvoll. »Vögel!«

Und er erzählte dem Fisch von den Vögeln. »Sie haben Flügel und zwei Beine und viele, viele Farben.«

Während der Frosch redete, stellte sein Freund sich die Vögel vor: Er sah sie durch seinen Kopf fliegen wie große gefiederte Fische.

»Was noch?« fragte der Fisch ungeduldig.

»Kühe«, sagte der Frosch. »Kühe! Sie haben vier Beine, Hörner, fressen Gras und tragen rosa Säcke voll Milch.«

»Und Menschen!« sagte der Frosch. »Männer, Frauen, Kinder!«

Und er erzählte und erzählte, bis es im Teich dunkel war. Aber der Fisch konnte nicht schlafen. Sein Kopf war voll von Lichtern, Farben und aufregenden Bildern. Ach, könnte er doch nur umherhüpfen wie sein Freund und diese wundervolle Welt sehen!

Die Zeit verging. Der Frosch war wieder fort, und der Fisch blieb zurück mit seinen Träumen von fliegenden Vögeln, grasenden Kühen und jenen sonderbaren Tieren, die angezogen waren und die sein Freund Menschen nannte.

Da beschloss er eines Tages, komme, was wolle: »Ich muss sie sehen!«

Und mit einem mächtigen Schlag seiner Schwanzflosse sprang er aus dem Wasser geradewegs ans Ufer.

Er landete im trockenen, warmen Gras. Und da lag er nun und schnappte nach Luft. Er konnte nicht mehr atmen, er konnte sich nicht rühren. »Hilfe«, japste er.

Zum Glück sah ihn der Frosch, der in der Nähe auf Schmetterlingsjagd gewesen war, und mit aller Kraft schubste er ihn zurück in den Teich.

Ganz benommen trieb der Fisch umher, doch nur für einen Augenblick. Dann atmete er tief, und das klare, kühle Wasser rieselte ihm durch die Kiemen. Nun fühlte er sich wieder schwerelos.

Mit einem winzigen Schlenker seiner Schwanzflosse konnte er hin und her und rauf und runter gleiten wie zuvor.

Die Sonnenstrahlen drangen bis hinab zu den Wasserpflanzen und schoben farbige Lichtflecke vor sich her, ganz sacht.

Jetzt wusste er: Diese Welt ist die schönste aller Welten. Er lächelte hinauf zu seinem Freund, dem Frosch, der ihm von einem Seerosenblatt aus zusah.

»Du hast recht«, sagte er, »Fisch ist Fisch.«

Leo Lionni

Aus: Leo Lionni, Fisch ist Fisch, © 1970 Beltz & Gelberg in der Verlagsgruppe Beltz, Weinheim und Basel.

Das bin ich!

Ich-Du-Wir-Spiel

Ein Platzwechsel-Spiel über Unterschiede und Gemeinsamkeiten

L beginnt und nimmt dabei einen Stuhl aus dem Kreis, so dass immer ein Kind übrig bleibt: »Alle Kinder mit braunen Haaren wechseln den Platz!« Das übrig bleibende Kind ruft die nächsten Kinder zum Platzwechsel auf (»... blauen Augen / brauner Haut / kurzen Haaren ...«).
Variation: »Alle Kinder wechseln den Platz!« Nun müssen alle Kinder die Plätze quer durch den Kreis wechseln. Dabei ist nur Weiterrücken verboten.
Weitere Variationen: Lieblingsessen (»Alle Kinder wechseln den Platz, die gerne Spaghetti mögen!«), Lieblingsfarben, Herkunftsland der Vorfahren, Fremdsprachenkenntnisse u.a.

Bilder, Farben und Gefühle

Mark Rothko, Ohne Titel, 1955, © Kate Rothko-Prizel & Christopher Rothko / VG Bild-Kunst, Bonn 2008 (farbig S. 127).

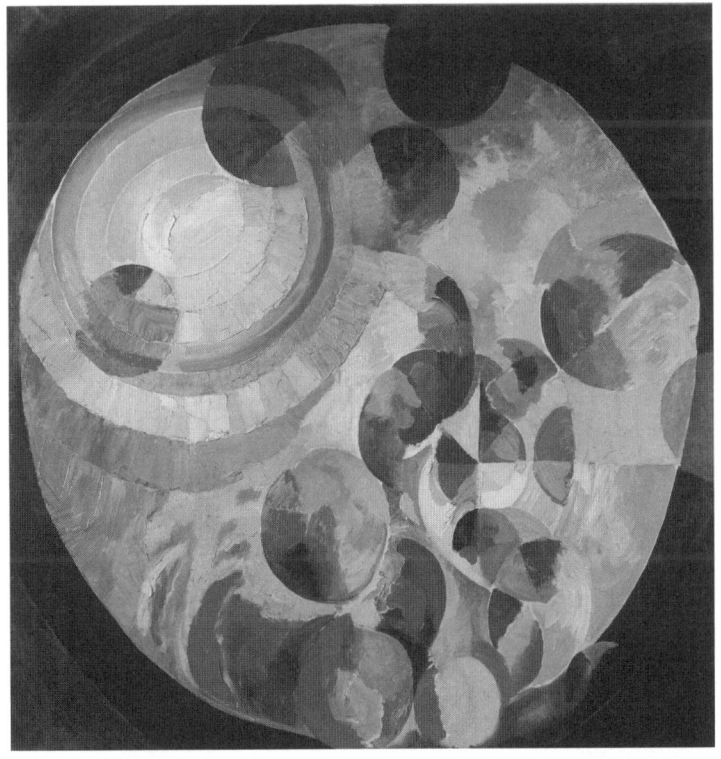

Robert Delaunay, Formes circulaires, Soleil et Lune, 1912/1913, Foto: Artothek (farbig S. 128).

›Wie fühlt sich Hase Hoppe?‹

Aufgaben

1. Zeichnet Linien von den Wörtern zu den passenden Bildern.
2. Welche Farben passen zu den Gefühlen? Malt die Kreise und die Wortfelder bunt aus.
3. Bildet Zweiergruppen und erfindet kleine Geschichten zu den Bildern. Ihr könnt auch kleine Geschichten dazu spielen (Beispiel: Hase Hoppe wurde von anderen Hasenkindern ausgelacht, darum ist er wütend).

LUSTIG	FRÖHLICH
WÜTEND	MÜDE
TRAURIG	ÄNGSTLICH

Tränen teilen – Bildimpulse

Gebete für überall (I)

Halte zu mir, guter _ _ _ _,
heut' den ganzen _ _ _.
Halt' die Hände über _ _ _ _,
was auch kommen _ _ _.

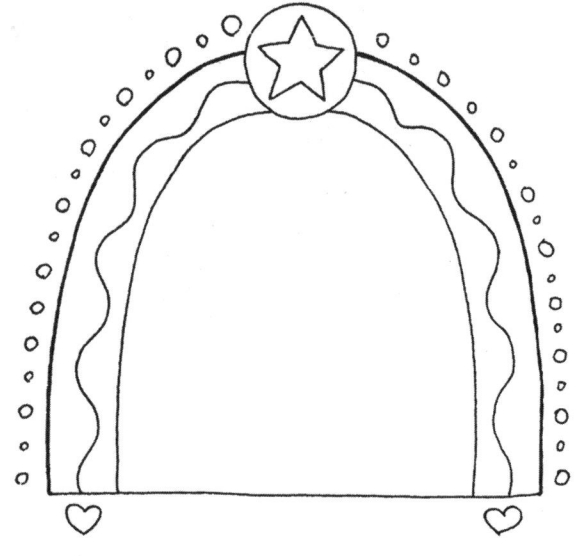

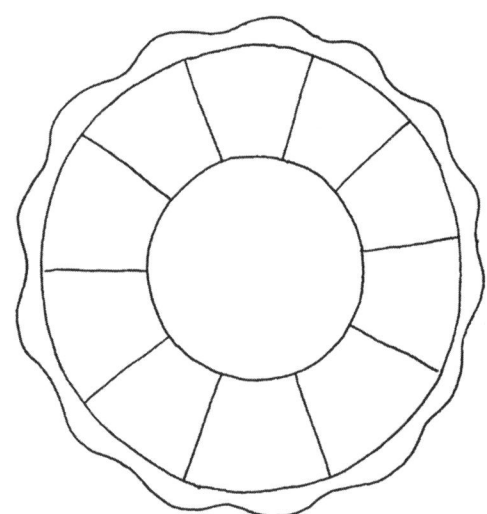

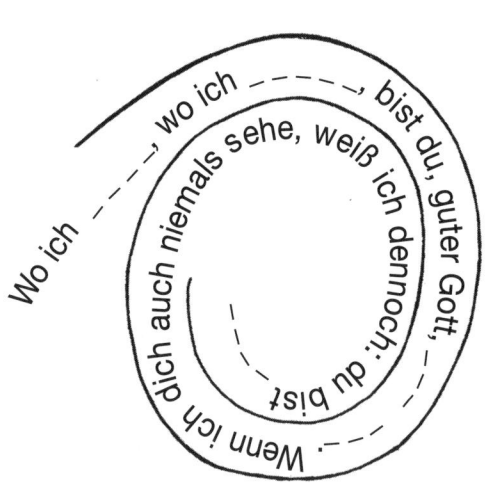

Wo ich _ _ _ _ _, wo ich _ _ _ _ _, bist du, guter Gott, _ _ _ _. Wenn ich dich auch niemals sehe, weiß ich dennoch: du bist _ _ _ _.

Gott, ich _ _ _ _ _ dir
für diesen Tag,
für alles,
was da kommen mag.
Gehe mit uns _ _ _
und _ _ _,
beschütze
unser Körper_ _ _ _.

Jedes Tierlein
hat sein _ _ _ _ _ ,
jedes Blümlein
trinkt von _ _ _ .
Hast auch unser
nicht vergessen,
guter Gott,
wir _ _ _ _ _ _ dir.

Kommt die _ _ _ _ _ ,
bin ich geborgen,
Gott wird _ _ _ _ _ _ sein.
Oh, ich freu'
mich schon auf morgen,
und _ _ _ _ _ _ fröhlich ein.

Gebete für überall (II)

Gebetbüchlein mit plastischen Ideen (zum Selbstgestalten mit Buntpapier)

Halte zu mir, guter Gott,
heut' den ganzen Tag.
Halt' die Hände über mich,
was auch kommen mag.

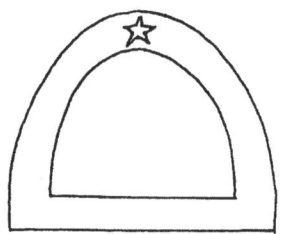

Segenstor mit Goldsternchen
(Sticker). Das Kind malt sich
selbst in das Tor.

Wo ich gehe, wo ich stehe,
bist du, guter Gott, bei mir.
Wenn ich dich auch niemals sehe,
weiß ich dennoch:
du bist hier.

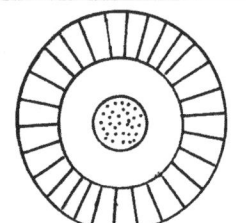

Sonne mit eingeschnittenen Strahlen,
Goldpapierkreis in der Mitte

Gott, wir danken dir für diesen Tag,
für alles, was da kommen mag.
Gehe mit uns ein und aus,
beschütze unser Körperhaus.

Spiralweg mit Herz
(nur am Rand aufgeklebt, so
dass die Spirale beweglich ist)

Jedes Tierlein hat sein Essen,
jedes Blümlein trinkt von dir.
Hast auch unser nicht vergessen,
guter Gott, wir danken dir.

Faltblüte (siehe unten)
Innen: Gemalte oder
aufgeklebte Blüte oder
Kleintier (Käfer)

Kommt die Nacht, bin ich geborgen,
Gott wird bei mir sein.
Oh, ich freu' mich schon auf morgen
und schlaf' fröhlich ein.

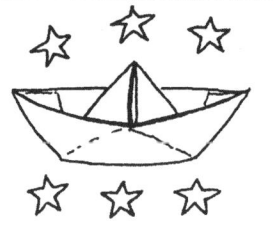

Nachthimmel mit Faltboot
(Traumschiffchen)

Anleitung Faltblüte:

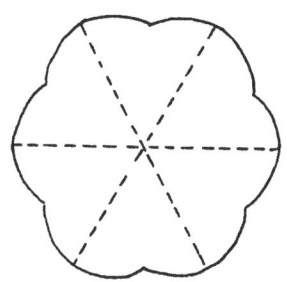 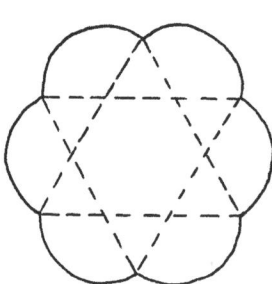 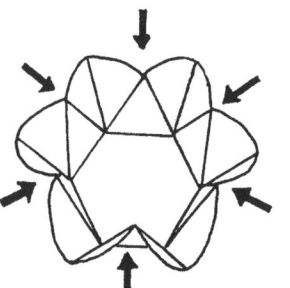 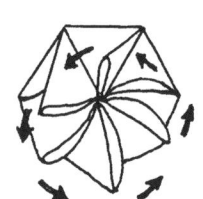

Elternbrief

Für die Eltern von _____

Sehr geehrte, liebe Eltern!

Heute kommt Ihr Kind mit einem kleinen Gebetbüchlein nach Hause.

Diese Gebete sind Ihrem Kind inzwischen gut vertraut.

Im Religionsunterricht begleiten wir jedes Gebet mit Bewegungen, so dass sie für die Kinder ›fühlbar‹ werden.

Schön wäre es, wenn sie gemeinsam mit Ihrem Kind das eine oder andere Gebet als kleines Ritual in Ihren Alltag aufnehmen könnten.

Auf diese Weise würde sich eine Brücke zwischen dem Unterricht und dem Zuhause Ihres Kindes bilden.

Anbei finden Sie eine von mir erstellte Literaturliste mit Büchern, die ich Ihnen empfehlen kann und welche Ihnen eine Hilfe sein können, den Lebensfragen Ihres Kindes aus religiöser Perspektive zu begegnen.

Für Fragen Ihrerseits stehe ich gerne zur Verfügung.

[Persönliche Worte:

(An dieser Stelle können handschriftlich kurze, aber persönliche Anmerkungen zum jeweiligen Kind eingefügt werden.

Beispiel: »Kristian hat große Freude an ›Reli‹ und hat viele überraschende Ideen, mit denen er den Unterricht bereichert!« / »Safira ist gerne im Reli-Unterricht. Sie ist noch sehr zurückhaltend und wie versunken in einer ›anderen Welt‹. Sie macht aber zunehmend Schritte, sich zur Mitarbeit zu melden, das ist schön!«)]

Im gemeinsamen Anliegen um die Entfaltung Ihres Kindes grüße ich Sie von Herzen.

Die Liebe und das Licht Gottes möge Sie und Ihre ganze Familie begleiten.

Ihr / Ihre

Literaturempfehlung für Eltern und Kinder

1. Bibeln

»Komm, freu dich mit mir«, hg. von der Württembergischen Bibelgesellschaft, Stuttgart 1999
Farbenfrohe Kinderbibel am Kirchenjahr orientiert; nach jeder biblischen Geschichte eine Doppelseite zum entsprechenden Fest mit Gebeten, Bastelvorschlägen, Anregungen für die Familie; im Anhang Hilfen zum Verständnis für Erwachsene

»Kleine Calwer Kinderbibel«, Illustriert von Kindern für Kinder. Text und Idee: Christian Butt, Calwer Verlag, Stuttgart 2013.
Eine handliche kleine Bibel im Taschenformat mit ausdruckstarken Illustrationen, die von Grundschulkindern selbst angefertigt wurden

Die große Ravensburger Kinderbibel, von Ulises Wensell, Thomas Erne, Ravensburger Buchverlag, Ravensburg 1995.
Eine Vorlese-Bibel, auch geeignet zur Bildbetrachtung der eindrücklich und bunt gestalteten Bilder im kindlichen Genre gehalten

Land und Leute zur Zeit Jesu, Miriam Feinberg Vamosh, Patmos Verlag, Düsseldorf 2001
Einem biblischen Lexikon ähnlich mit vielen Abbildungen des Lebensumfeldes Jesu, für historisch interessierte Kinder besonders geeignet

Die Bibel für Kinder und alle im Haus, hg. von Rainer Oberthür, Kösel Verlag, München 2004
Für Kinder zwischen 8 und 13 Jahren mit Bildern aus der Kunst, die im Anhang erschlossen werden; zwischen den Erzählungen verbindende, historisch-kritisch fundierte Erläuterungen

Neukirchener Kinder-Bibel, von Irmgard Weth, Neukirchener Verlag, 16. Auflage, Neukirchen 2008
Zwar schon ältere Kinderbibel, aber unübertroffene, gute textgetreue Nacherzählung, Bilder von Kees de Kort, im Anhang Erläuterungen zu den Geschichten der Bibel

Kinderbibel, Werner Laubi, illustriert von Annegert Fuchshuber, Kaufmann Verlag, 7. Auflage, Lahr 2000
Kinderbibel für Kinder ab 9 Jahre, sparsam nacherzählt, anspruchsvolle Bilder

»Es wird erzählt ...«, Bd. 1–6, Nico ter Linden, Gütersloher Verlagshaus, Gütersloh 2000–2004
Für Eltern, die sich mit den biblischen Geschichten selbst beschäftigen wollen: Biblische Geschichten kommentiert, in ihrem historischen Zusammenhang, nacherzählt; schön erzählt und zugleich informativ und anregend zu lesen.

2. Gebetbücher

Familien-Gebetbuch, hg. von Gottfried Hänisch u.a., Verlag Eltern und Kind, Taufring der Familien, Verlag Eltern und Kinder, Gera 1998
Gebetbuch nach verschiedenen Themen sortiert (Familie, Tageslauf, Jahreslauf ...) mit kurzen Einleitungen, kurzen Kindergebeten wie auch Gebeten der Kirche, dazwischen Lieder und Bräuche, Anregungen und Rezepte, ein Buch für alle Altersstufen

»Gib mir Wurzeln, lass mich wachsen«. Psalmen für Kinder, von Martin Polster, Gabriel-Verlag, Stuttgart 2006
Psalmen für Kinder nachgedichtet, in verständlicher Sprache, an die Lebenswelt der Kinder anknüpfend

Leuchtfeuer, Dietrich Steinwede, Patmos Verlag, Düsseldorf 2006
Kindgerechte Gebete zu verschiedenen Lebenssituationen, Kirchenjahr

3. Bücher zur religiösen Begleitung von Kindern

Das Recht des Kindes auf Religion. Ermutigung für Eltern und Erzieher, Friedrich Schweitzer, Gütersloher
Verlagshaus, 2. Auflage, Gütersloh 2000
Grundsätzliche Überlegungen, warum Kinder Religion zu ihrer Entwicklung brauchen, und wie Eltern sie dabei
begleiten können; theoretisch, aber gut verständlich.

»Wenn dein Kind dich fragt«, hg. im Auftrag der Kirchenleitung der VELKD, Gütersloher Verlagshaus/Verlag Ernst
Kaufmann, Gütersloh/Lahr
Einladung, sich auf ein Gespräch mit Kindern »über Gott und die Welt« einzulassen, für drei verschiedene
Altersstufen (4, 9, 14 Jahre), mit Geschichten, Gesprächsimpulsen, Fragen, Gedichten

Löcher im Bauch: Ein kleiner Kompass fürs Leben, auf der Bettkante zu lesen, von Peter Spangenberg, Agentur
des Rauhen Hauses, Hamburg 2002
Ein Großvater begibt sich mit sechs Enkelkindern an die Nordsee und lässt sich auf deren Fragen ein, Fragen, die
Kinder immer wieder stellen: Was ist Freiheit? Warum habe ich ein Gewissen? Kann ich Glauben lernen? Warum
beten wir? Darf man lügen? Was ist Liebe? Wie verhalte ich mich gegenüber anderen Menschen?

Neles Buch der großen Fragen, von Rainer Oberthür, Kösel Verlag, 5. Auflage, München 2006
Gedichte, Geschichten, Überlegungen zu Fragen, woher wir kommen, Schöpfung und Evolution, wozu wir da
sind; guter Einstieg zu Gesprächen, aber auch für Kinder ab 9 gut selbst zu lesen

»Gibt's Gott?« Die großen Themen der Religion, Albert Biesinger u.a., Kösel Verlag, 3. Auflage, München 2008
Wo ist Gott, woher kommt die Welt, ist Gott gerecht …? Kinder stellen theologische Fragen. Im Buch werden
Antworten gesucht, aber auch Fragen zum Weiterdenken und Weiterreden gestellt; gut geeignet dafür, dass
Kinder es mit Erwachsenen lesen und beide gemeinsam darüber theologisieren.

4. Bilderbücher zu Tod und Sterben

Pele und das neue Leben, von Regine Schindler, Verlag Ernst Kaufmann, 9. Auflage, Lahr 1997
Im Anhang Hinweise für Eltern und Erzieher.

Abschied von Rune, von Wenche Oyen, Ellermann Verlag, Hamburg 1987
Beide sind anrührende Bilderbücher, die behutsam vom Tod eines Freundes erzählen und Wege der Hoffnung
über den Tod hinaus zeigen; gut geeignet, um es mit den Kindern gemeinsam anzuschauen und darüber zu reden.

5. Bücher zur physisch-psychischen Entwicklung des Kindes

Wackeln die Zähne – wackelt die Seele (Thema: Zahnwechsel), Ein Handbuch für Eltern und Erziehende, Monika
Kiel-Hinrichsen, Renate Kviske, Verlag Urachhaus, Stuttgart 2001
Ein Buch, das die körperlichen und seelischen Veränderungsprozesse der Kinder zur Zeit der Schulanfangsphase
beschreibt. Eine Fundgrube für Eltern, die ihr Kind in seinen Gefühlsschwankungen besser verstehen möchten.

Das bewegte Gehirn. Sieben Körperübungen für clevere Kinder, Ludwig Kroneberg, Silke Gramer-Rottler, Kösel
Verlag, München 2004
Ein Ratgeber bei Lern- und Verhaltensschwierigkeiten, insbesondere neue Perspektiven für Eltern mit ADHS-
Kindern.

(Diese Liste wurde von Kristina Schnürle erstellt, Pfarrerin am PTZ und Mutter von vier Kindern.)

Menschen beten auf unterschiedliche Weise
(Gebetshaltungen)

Ten Fingers for You!
Bewegte Gebete in englischer Sprache

 **Ten Fingers for you!**   Die Kinder zeigen ihre Handflächen und zappeln mit den Fingern.

 **Ten Fingers for me!**   Die Hände werden über Kreuz auf die Brust gelegt.

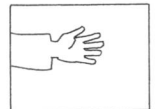 **Five I give to you!**   Die rechte Hand öffnet sich nach rechts.

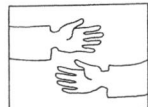 **Five You give to me!**   Die linke Hand legt sich unter die dargebotene Hand des Nachbarkindes.

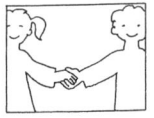 **Now we are together And we start to pray:**   Die Hände umschließen einander (Händefassen).

 **God, bless all the children.**   Die Arme werden umeinander (leicht) auf die Schultern gelegt.

 **And please, bless our day!**   Alle Arme öffnen sich weit nach oben.

God made the sun! (Die Kinder entwickeln eigene Gebetsgesten)

God made the sun,
And God made the tree,
God made the mountains
And God made me!

Thank you, o God,
For making the sun,
For making the tree,
For making the mountains
And for making me!

Rhythmisches Sprechgebet / Lied (Die Kinder entwickeln Körperklänge / Klanggesten dafür)

Good Morning to you!
Good Morning to you!
We're all in our places
With bright shiny faces
And we all can pray:
Please, God, save this day!

Englischer Originaltext zum Lied:
Good Morning to you!
Good Morning to you!
We're all in our places
With bright shiny faces
And this is the way to start a new day!

Bei Gott bin ich geborgen

Fingerfühlspiele

Ich fühle was, was du nicht fühlst ...

1. Schritt: Den Tastsinn schärfen.

Im Kreis werden vielerlei Dinge gereicht (in Beutelchen oder versteckt unter einer Decke. Beispiel: Kastanie mit Schale, Lego-Stein, Schwamm, Radiergummi u.a.), die verschiedene Oberflächenqualitäten besitzen (weich, hart, rau, stachelig ...). Während die Kinder diese betasten, nennen sie deren ›Anfühlqualität‹: »Das ist löchrig ...«

2. Schritt: Imagination schulen.

Anschließend gehen die Kinder durch das Klassenzimmer und betasten unterschiedliche Gegenstände und finden gedanklich Worte für deren ›Anfühlqualitäten‹. Jetzt kann das Spiel beginnen: »Ich fühle was, was du nicht fühlst, und das ist glatt ...« Die Klasse errät den jeweiligen Gegenstand. Das Kind, welches richtig geraten hat, darf die nächste Aufgabe stellen.

Streichelblätter

Zu zweit setzen sich die Kinder gegenüber. Gesammelte Herbstblätter und Gräser unterschiedlichster Art dienen als Streichelding: Die Hände und Unterarme (und auch das Gesicht) lieben das! Wichtig: Das gestreichelte Kind schließt dabei die Augen (es können auch die jeweiligen Blätter erraten werden). Das ›Streichelkind‹ hat die Aufgabe, die Berührungen so auszuführen, dass die Berührungen als angenehm empfunden werden. Das Partnerkind hat die Aufgabe, Rückmeldung zu geben, ob die Art des Berührtwerdens angenehm ist, an welchen Stellen die Berührung wiederholt oder vermieden werden soll.

Handgemenge

Die Kinder stellen sich bei diesem Hände-Fühl-Spiel in einen engen Kreis (immer jeweils ca. sechs Kinder). Alle strecken ihre Arme zur Mitte hin. Jede/r soll nun so viele Hände wie möglich berühren, greifen, tasten, fühlen, streicheln. Dabei achtet jede/r auch auf die Beschaffenheit der Hände. Sind sie rau, weich, warm, kalt, schmal, breit, feucht, klein ...? Nach einiger Zeit strecken die Kinder mit geschlossenen Augen nur eine Hand zur Mitte. Die Aufgabe für die Kinder ist es, genau zu fühlen, welche Hand sie näher kennen lernen möchten. Die jeweiligen Hände halten einander fest, die Kinder finden dadurch zu Paaren zusammen und öffnen wieder die Augen. Die Aufgabe besteht darin, zueinander zu kommen, ohne die Hände zu lösen.

Fühl-Parcours für Finger

Die Kinder bilden zwei Gruppen. Auf einem langen Stück Papier (zusammengeklebte DIN A4-Blätter) zeichnen die Kinder einen gewundenen Weg. Diesen bekleben sie nun mit den unterschiedlichsten Materialien (Steinchen, Sand, Stoff, Watte, Papier, Wolle ...). Von den Kindern der anderen Gruppe werden diese Fühlfelder (mit verbundenen Augen) erraten. Für jedes richtig erratene Feld gibt es einen Punkt.

Delphin

Aufgabe:
Die Kinder malen sich in das Bild hinein (siehe P 4: Meeresreise).

Mittebild des Herzens

L oder ein Kind zeichnet synchron zu den Worten die entsprechenden Formen an die Tafel. Die Kinder übertragen diese Formen in ihr Heft und malen sie aus, wobei sie eigene Inhalte einfügen können.

1 Alles, was ist, kommt aus dem Herzen Gottes (Kreisform mit Herz)
2 Ein Herz ist auch dir von Gott geschenkt; du kommst aus dem Herzen Gottes und bist beschützt in Gott. (Kleineres Herz)
3 Um dich sind viele Herzen, Mutter, Vater, Geschwister, Oma und Opa, Freunde ...
4 Aus dem Herzen Gottes kommen alle Dinge des Ostens, des Westens, des Nordens und des Südens.
5 Die ganze Erde.
6 Sand und Steine.
7 Alle Pflanzen.
8 Alle Tiere.
9 Alle Menschen.
10 Gott beschützt alle Wesen, auch jene in der ›unsichtbaren Welt‹.

Basisbeiträge für einen erfahrungsorientierten Unterricht in den Klassen 1–4

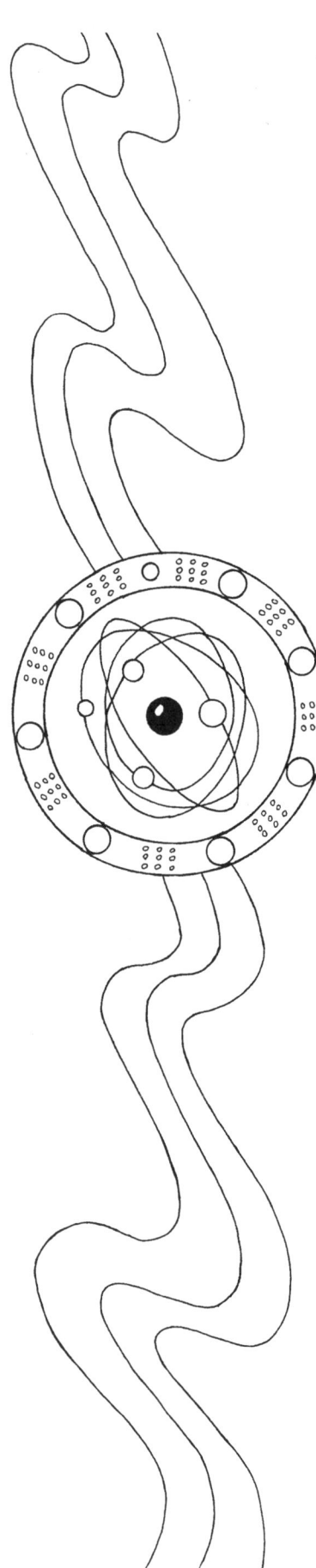

Wir bilden den Kreis

Anmerkung: Um den eher geräuschvollen Aufwand des Stühleschleppens zu vermeiden, eignen sich zur Kreisbildung kleine Sitzmatten, noch besser aber kleine, stapelbare Tritthocker aus Plastik, welche sich die Kinder jeweils nehmen und damit nach und nach den Kreis bilden.

Zuvor schiebt jedes Kind seinen Stuhl leise an den Tisch, um die ›Gehwege‹ frei zu halten.

Idee 1: Namen flüstern

Die Kinder sitzen an ihren Plätzen, verschränken ihre Arme auf dem Tisch, legen ihren Kopf ab und schließen ihre Augen. L lädt die Kinder in den Kreis ein, indem die einzelnen Namen der Kinder geflüstert werden. Auch mehrere Namen können geflüstert werden, so dass die Kinder jeweils in kleinen Gruppen leise zum Kreis kommen.

Idee 2: Stille Zeichen

Alle Kinder sitzen an ihren Plätzen. L beginnt den Kreis und gibt jedem einzelnen Kind ein Zeichen (Zublinzeln, Zunicken o.A.). Jedes auf diese Weise eingeladene Kind steht leise auf und schiebt den Stuhl ebenso leise an den Tisch. Bei Vertrautsein miteinander, kann L auch feine, taktile Zeichen geben: Den Kindern mit einer Feder über die Wange streicheln oder mit der Hand über Kopf oder Rücken streichen. In einem weiteren Schritt übernehmen die Kinder diese Handlung und entwickeln eigene Ideen.

Idee 3: Katzen können leise schleichen ...

Für dieses Spiel sollten die Sitzmöglichkeiten bereits im Kreis angeordnet sein. Alle Kinder sitzen mit geschlossenen Augen an ihren Plätzen. Sobald ihr Name geflüstert wird, schleichen sie geräuschlos zum Kreis. Für jede Katze, der dies gelingt, vermerkt L einen Strich an der Tafel. Ziel ist es, so viele Tafelstriche zu sammeln wie Kinder in der Klasse sind.

Idee 4: Lange Schlange Li-La-Lu

Alle Kinder warten an ihren Plätzen, ein Kind darf der Kopf der Schlange sein und sammelt nach und nach alle Kinder ein. Dabei wird der Name des jeweiligen Kindes in den Reim eingefügt (die Kinder erfinden gerne eigene Melodien dazu).

> *Lange Schlange Li-La-Lu zischt: »Auch du gehörst dazu!«*
> *Sie kitzelt ... (Name eines Kindes) ... im Genick. Das heißt: ›Komm jetzt mit!‹*
> (Zum Kreisschluss): *Die Schlange beißt sich in den Schwanz. Das heißt: ›Der Kreis ist ganz!‹*

Idee 5: Kartoffel oder Kreis?

Die Kinder werden nach und nach mit ihrer Sitzunterlage in den Kreis eingeladen. Aber häufig entsteht eher eine Kartoffel- als eine Kreisform.

Spielerisch beginnt L einfach langsam zu zählen: 1 – 2 – 3 ... (im Sekundenrhythmus). Ziel aller im Kreis ist es, so schnell wie möglich eine schöne Kreisform in kürzester Zeit zu rücken. L schreibt bei jeder neuen Kreisbildung die erreichte Sekundenzahl an die Tafel.

Das ist aufregend, da die Kinder mit jedem neuen Kreis versuchen, eine geringere Zahl an der Tafel zu erzielen! (Erfahrungswerte: Der langsamste Kreis dauerte 18 Sekunden, der schnellste Kreis erzielte 3 Sekunden!)

Ergänzender Hinweis: Für einen dynamischen Einstieg zum Kreis eignet sich auch das Wake-Up-Spiel ›Wilde Schnecken‹ und andere Ideen aus den **›Wake Ups – Warm Ups‹ (B 3a u. b)**.

Aus der Dynamik in die Stille

Intention der Integration bewegter Sequenzen in den RU ist: Wir begegnen den Kindern in ihrem Kindsein und damit in ihrer Bewegungslust. Das Kind darf Kind sein im RU und erlebt sich darin angenommen und geliebt. Der Weg, das Kind aus der Dynamik heraus in die Stille zu geleiten, gleicht einem ›Flow‹ (Fluss, fließen) durch die spielerischen Impulse des Kindes. Diese vorausgehende Dynamik dient der sich anschließenden Stille-Phase, in welcher das Kind spirituelle Inhalte aufnehmen und internalisieren kann. Dort kommt die Stille zum Tragen, wo das Kind wirklich die Stille erleben kann, auch ohne ›Input‹ von außen: als pures Sein vor Gott, ohne Worte, ohne Tun, nur als atmender Mensch.

Innerhalb dieser vorausgehenden dynamischen Phase werden dem Kind differenzierte Bewegungsmuster aus dem Bereich des Identifikationslernens in Form der den Kindern vertrauten ›Verwandlungsspiele‹ angeboten. Diese steuern die kindliche Bewegungsdynamik und haben Energie kanalisierende Funktion, indem die Bewegungsqualitäten stetig Veränderungen erfahren (schnell – langsam – intensiv – sachte – laut – leise – alleine – in kleinen Gruppen usw.). Durch die wechselnden körperkoordinatorischen Anforderungen wird die kindliche Aufmerksamkeit erzielt.

Relevant dabei ist ein gewisser Sättigungsgrad, der erreicht werden sollte, bevor die Kinder in die Ruhephase, quasi zum ›Ausruhen‹, eingeladen werden. Von dieser Ruhephase aus ist es für die Kinder ein Leichtes, ihren Atem zu spüren und die Augen zu schließen. Dies bildet die Ruhe- und Ausgangsposition für erste Imaginationsübungen, kleine Phantasiereisen oder Gebete und Lieder, welche wiederholt und memoriert werden können. Auch ist es eine Möglichkeit, jedes Kind einzeln und fein zu berühren und einen Segen für sie zu sprechen.

Abschließend öffnen die Kinder die Augen und recken, strecken, dehnen sich, bevor sie ihre gewohnte Sitzhaltung für das weitere unterrichtliche Geschehen einnehmen.

(Weitere Anregungen finden Sie in folgenden Basis-Beiträgen: B 5: Ich kann dir vertrauen – Ich schließe meine Augen / B 6: Kleine Schritte in die Stille.)

- **Spiele mit dem Gymnastikreifen**
  Dafür wird lediglich ein Gymnastikreif verwendet. Der Reif wird gedreht – so lange er sich um seine Achse dreht, bewegen sich die Kinder nach verschiedenen Rhythmen frei im Raum. L kann diese mit dem Tamburin vorgeben, die Kinder nennen verschiedene Bewegungsideen dafür. Sobald der Reif sein Gleichgewicht verliert, findet jedes Kind einen eigenen Platz, um sich auszustrecken. Von dort aus wird der Reif beobachtet.
  Bleibt der Reif still liegen, schließen die Kinder für wenige Sekunden ihre Augen.
  Dieses Spiel kann überleiten in eine längere Stillephase oder beliebig wiederholt werden. Dabei kann L die Phasen des ruhigen Liegens je nach Stillefähigkeit der Kinder nach und nach verlängern.
  Variationen: Die Kinder vereinbaren weitere Stille-Signale, die von einzelnen Kindern selbst eingeleitet werden. Beispiel: Wenn Pit in den Reif springt und sich ganz klein macht, ist dies das Zeichen für die Kinder, dies nachzuahmen.

- **Handtrommel und Klangschale / Laut und Leise / Außen und Innen**
  L nennt eine Tierart (Beispiel: Känguru / Krokodil / Fisch / Vogel), alle Kinder verwandeln sich in diese Tiere und bewegen sich auf diese Weise frei durch den Raum (Regel: Einander nicht berühren!), wobei L rhythmisch mit der Handtrommel begleitet. Sobald L die Klangschale erklingen lässt, ist dies der Moment der Verwandlung: Alle Kinder verwandeln sich in Schnecken, gehen zu Boden und kauern sich zusammen und schließen die Augen (für einige Sekunden). L geht leise zu dem Kind, welches sich sehr schnell verwandeln konnte. L weckt dieses Kind durch eine feine Berührung auf, es darf die nächste Tierart nennen. Das Spiel beginnt von vorne und wird mehrere Male wiederholt. Abschluss bildet eine längere Ruhe- und Stillephase, die in ein Gebet mündet oder in einen Segen, den L für die Kinder spricht. Auch eine Erzählung oder eine Phantasiereise kann sich in die Stille hinein anschließen.

- **Riesentiere!**
  Die Kinder verwandeln sich in große, schwere Tiere wie Bären (Riesen / Dinos / Elefanten ...) und durchschreiten den Raum. Dabei werden differenzierte Schrittqualitäten durchgespielt: Schrittgrößen: kurz – lang, Riesenschritte / Schrittintensitäten: stark – laut, schwer – schleichend / und Schritt-Tempi: schnell – langsam. Das Spiel kommt zu einem langsamen Ende, in dem die Tiere (Kinder) einen gewissen Erschöpfungsgrad erreichen und dies in langsamen, Zeitlupe ähnlichen Bewegungen ausdrücken, bis sie sich zum ›Ausruhen‹ niederlegen.

- **Blättersturm**
  Alle Kinder werden als Herbstblätter (Frühlingsblüten / Vögel ...) von den Bäumen geweht. Der Wind ist stark und treibt uns durch den Raum. Wir sinken zu Boden ... doch ein Sturm kommt auf, der uns erneut treibt ... ein Wind ... ein leichter Hauch ... bis alle Blätter zu Boden sinken und ruhig am Boden liegen bleiben.

- **Regen, Hagel, Donnergrollen und Blitz**
  (Sich steigernde und wieder verebbende Klanggesten:) Mit den Zeigefingern auf die Tischplatte trommeln ... mit allen Fingerspitzen trommeln ... mit den Handflächen kreisend streichen ... mit den flachen Fingern schneller trommeln ... mit der ganzen Hand trommeln ... mit den Knöcheln klopfen...mit den Fäusten trommeln ... synchron mit den Füßen trippeln ... mit Fäusten und Füßen einmal kräftig aufschlagen und »Zisch!« rufen und nun alles rückwärts bis zu feinen Regentropfen ... und hinein in das Ausruhen nach dem Sturm: Den Kopf auf den verschränkten Armen ablegen.

- **Fische im Meer**
  Viele Fische schwimmen im Meer. Plötzlich erscheint ein gefährlicher, großer Fisch! Alle kleinen Fische flüchten durch das Korallenriff ... bis zur großen Höhle mit dem engen Eingang ... endlich finden sie einen Schutzort, wo sie sich ausruhen können.

- **Menschen in der Stadt**
  Menschen, die es enorm eilig haben, eilen durch die Stadt *(wechselnde Gehrhythmen: schnell – langsam / leise – laut / hinkend – hüpfend usw.)*. Dabei begrüßen sie sich mit einem abgesprochenen Händespiel, um endlich zu Hause anzukommen und auszuruhen.
  Variation: Die Kinder entwickeln verschiedene Geh-, Stampf-, Hüpf- und Schleichbewegungen von Tieren, die alle gemeinsam für eine gewisse Zeit nachahmen. L begleitet diese durch ein Tamburin. Dabei ist es wichtig, mit den lautesten, schwersten Tieren zu beginnen über mittelgroße Tiere bis hin zu ganz kleinen, leisen, leichten Tierchen.

Wake Up – Warm Up (1)

Aufgepasst! (Kurze Fokussierungs-Sequenzen im Kreis)

Viele dieser Spiele sind auch an Tischen stehend oder sitzend möglich!

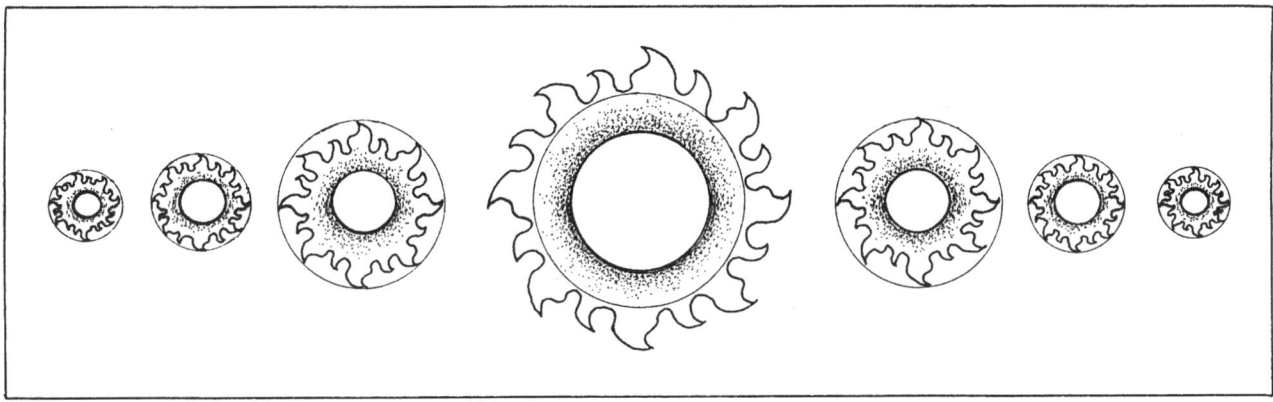

Diese Übungen eignen sich, wenn die Kinder noch müde oder ermüdet, aber auch, wenn sie außer Rand und Band sind. Auf schnelle, kurze und effiziente Weise wird neue Aufmerksamkeit und Wachheit gesammelt. Am besten, die Kinder sammeln sich im Stehkreis und beginnen ganz einfach mit einer Runde festem, schnellem Stampfen auf den Boden. Dadurch werden die Kräfte im Kind über die Fußsohlen mobilisiert. Eine Bitte: Die folgenden Spiele sollten nicht als Konkurrenzspiele verwendet werden und einzelne Kinder ausschließen, so dass die schnellen Kinder gewinnen. Dies würde den Spaß daran für manches Kind verderben und das kooperative Lernen zerstören, welches diese Spiele kennzeichnet.

Donnerwetter!
In drei Varianten: Am Boden hockend / Stehend im Kreis / Sitzend an den Tischen: *Alle Bewegungen und Rhythmen werden also entweder auf den Fußboden oder auf den eigenen Körper oder aber auf die Tischflächen übertragen.*
Dynamik: Von Leise über Laut und wieder nach Leise. L führt durch das Unwetter, welches mit leichten Regentropfen beginnt und auch wieder leise endet.
Die ersten Regentröpfchen: Leichtes Fingertrippeln
Es werden mehr und mehr Regentropfen: Stärkeres, schnelleres Fingertrippeln
Ein Wind kommt auf: Streichen, Reiben mit beiden Handflächen
Der Wind treibt Blätter über das Land: Schnelle Krabbelbewegungen
Ein Sturm: Stärkeres Streichen mit beiden Handflächen, Windgeräusche mit dem Mund
Donnergrollen: Trommeln der Fäuste / Schnelles Stampfen mit den Füßen
Ein Blitzschlag! Einmaliges Aufstampfen mit Fäusten / oder Handflächen und mit den Füßen
Der Regen wird schwächer: Fingertrippeln
Der Wind verzieht sich: Leichtes Streichen mit den Handflächen
Nur noch wenige Regentröpfchen fallen: Leichtes Fingertrippeln, bis keines mehr hörbar ist.
Erleichtert atmen die Menschen auf: Endlich ist wieder Ruhe ... Dreimal ruhiges Ein- und Ausatmen

Rakete
Diese Übung ist ein klassisches ›Von-Laut-nach-Leise-Spiel‹ und sammelt auf rasche Weise die Aufmerksamkeit der Kinder. Ein erweitertes Moment stellt die Beteiligung der Stimme dar und trägt damit zur Schulung expressiver Ausdrucksfähigkeit im Kinde bei.

Wir zünden die Rakete:	»Zisch«	Mit den Händen pantomimisch ein Streichholz entzünden
Es geht los!	»uuuUUUU«	Leises Patschen der Handflächen auf die Oberschenkel
Und lauter!	»OOOOO«	Schnelles, lautes Klatschen in die Hände, Stampfen der Füße
Explosion!	»AAA!«	Arme in die Luft werfen und lautes, offenes »A!«
Staub rieselt zur Erde ...	»pssst ...«	Feines ›Regnen‹ mit den Fingern nieder zur Erde.
Stille.		Alle Hände ruhen auf der Erde, die Köpfe sind gesenkt, die Augen geschlossen

Feuerfunke
L oder ein Kind beginnt und gibt einen kurzen Bewegungsimpuls vor (Beispiele: 1x Klatschen oder 1x Aufstampfen mit dem linken Fuß oder eine andere Bewegung). Diese wird zunächst ein paar Mal gemeinsam wiederholt, so dass klar wird, wie stark der Fuß aufstampfen oder wie laut geklatscht werden soll. Dieser Impuls entspricht einem Feuerfunken, der sich beständig weiter entzündet, einem Lauffeuer ähnlich.

Dann gibt L die Richtung vor: Entweder rechts- oder links herum. Wird rechts genannt, wird diese Bewegung rechts herum im Kreis von Kind zu Kind weitergegeben (Achtung: Nur dann, wenn du an der Reihe bist!), bis zu L. Nun kann dieselbe Bewegung in Linksrichtung erneut beginnen, wobei das Ganze an Geschwindigkeit zunimmt. Variationen: Ganz laut, danach ganz leise.
Steigerung erfährt dieses Spiel bei Kombination von zwei oder mehreren Bewegungen, je nach Klasse und Übung.

Rechtsherum und Linksherum
Dieses Spiel ist eine Variante von ›Feuerfunke‹, allerdings auf Klatschen reduziert und mit Richtungswechsel. Ein Kind beginnt, 1x in die Hände zu klatschen, dieses Klatschen macht so lange die Runde, bis ein Kind 2x klatscht, was Richtungswechsel bedeutet, so lange, bis erneut ein Kind 2x klatscht usw.

Neue Sprache!
Mit den Händen erproben die Kinder Klanggesten. (Klatschen mit flachen Händen, nur mit wenigen Fingern, Reiben auf den Schenkeln, in weiteren Spielen sind auch Lautbildungen möglich, Windhauch u.a. Geräusche, die mit dem Mund gebildet werden.) Nun beginnt ein Kind, kurze, aufeinanderfolgende Gesten zu einem anderen Kind zu schicken, während es einen neuen Platz neben diesem Kind einnimmt. Das zweite Kind macht sich ebenfalls auf den Weg mit neuen Klanggesten zu einem dritten Kind usw. quer durch den Kreis.

Ohren auf!
Die Kinder sitzen im Kreis. Ein bis zwei Kinder gehen vor die Tür. Die Gruppe bestimmt ein Kind, welches die Rhythmen für die Gruppe vorgibt, die von allen Kindern wiederholt werden. Fließend wechselt das Kind jeweils zu anderen Klanggesten (Klatschen, Händereiben, auf die Schenkel trommeln ...). Aufgabe für die beiden Kinder ist es, den ›Dirigenten‹ / die ›Dirigentin‹ zu finden.

Augen auf!
Hinter dem Rücken geben die Kinder reihum, so unbemerkt wie möglich, zwei Gegenstände weiter. Zwei Kinder in der Mitte müssen herausfinden, in wessen Händen sich die Gegenstände befinden.

Hast du mal Langeweil
(Die Kinder erfinden selbst geeignete Rhythmen, Gesten und Bewegungen zu den Kontrastbegriffen)
Hast du mal Lan – ge – weil,   dann mach das Ge – gen – teil:
Lang – sam   und   schnell,   dun – kel   und   hell,
un – ten   und   o – ben,   ge – ra – de,   ge – bo – gen,
we – nig   und   viel,   zap – pe – lig   und   still,
eng   und   ganz   weit;   seid   ihr   be – reit?   Nach einem Gedicht von Sabine Vliex

Rechte Hand und linke Hand
Rechte Hand und linke Hand	(die Kinder öffnen die jeweilige Hand)
Das sind zwei	(3x die Hände kreuzweise klatschen)
Rechte Hand und linke Hand	(die Kinder öffnen die jeweilige Hand)
Schaffen frisch und frei	(3x die Hände kreuzweise klatschen)
Rechte Hand und Linke Hand	(die Kinder öffnen die jeweilige Hand)
Woll'n sich tüchtig regen	(die Hände kreisen umeinander)
Eine kommt der andern Hand	(die Hände werden einander gegenüber gehalten)
Helfend stets entgegen!	(die Hände begrüßen sich 3x kreuzweise)

Stein und Rhythmus
(pro Kind sind zwei flache Kieselsteine erforderlich)
- Siehe das Spiel ›Neue Sprache!‹: Dafür können auch Steine verwendet werden, mit denen unterschiedliche Klopfgeräusche erzeugt werden können, nuanciert durch laut und leise, schnell und langsam.
- Mit flachen Kieseln können auch hinter dem Rücken Rhythmen geklopft werden, die dann reihum die Runde machen und von jedem Kind auf dieselbe Weise wiederholt oder völlig verändert werden.
- Die Kinder entwickeln einen gemeinsamen Klopfrhythmus mit den Steinen und machen sich auf den Weg durch den Raum. L ruft Zahlen in den Raum von 1 bis 3, die jeweils neue Gruppenkonstellationen auslösen (die Kinder gehen dann zu zweit, zu dritt oder wieder alleine durch den Raum). Beim Stichwort »Kreis!« bilden alle Kinder (den Rhythmus permanent haltend!) den Kreis, wobei jedes Kind seinen alten Platz einnimmt.
- Abschluss: Alle Kinder versuchen, die Steine so in der Mitte abzulegen, dass ein Kreis entsteht. Dies kann auch zunächst durch die halbe Gruppe geschehen (jedes zweite Kind legt einen Stein so ab, dass Lücken bleiben), während die zweite Hälfte der Gruppe ihre Steine in diese Lücken ablegt.
- Weitere Idee zum Abschluss: Die Kinder legen je nach Gefühl ihre Steine zur Mitte, so dass ein spontanes Gruppensoziogramm entsteht.

Wake Up – Warm Up (2)

Reime, Rhythmen und Bewegungsreisen zum Aufwachen

Raum-Gefühl

Alle Kinder gehen durch das Klassenzimmer – kreuz und quer. L schlägt eine Trommel, um die Schrittgeschwindigkeit zu steuern: schneller und langsamer gehen. Ziel: Einander dabei nicht berühren. Nach und nach wird der Raum verkleinert, so dass die Aufgabenleistung erhöht wird: Einander mit Handschlag oder anderen Gesten begrüßen (kurzer Blickkontakt u.v.m.)

Zeitlupe

Alle Kinder bewegen sich durch das Zimmer. Auf ein vereinbartes Signal hin bewegen sich alle in Zeitlupe, so lange, bis das Signal erneut ertönt, dann beschleunigt sich das Tempo wieder.

Stop and Go

Alle gehen auf eine eigene Gangart durch den Raum. Durch eine Trommel wird ein ›Stop‹ signalisiert. Alle müssen regungslos stehen bleiben (›freeze‹). Bei einem weiteren Trommelschlag wird das ›Go‹ signalisiert. Alle gehen in einer neuen Gangart weiter.
Variante: Die Gangarten sollen so merkwürdig / so lustig / so ungewöhnlich / so weit- oder engräumig wie möglich ausfallen.

Blätter-Balance

Herbstblätter, die von den Kindern gesammelt werden, eignen sich hervorragend als Balance-Objekte: Ein Blatt auf den Kopf legen und so durch das Zimmer gehen, dass es nicht herabfällt. Oder: Zu Boden gleiten und wieder aufstehen dabei.
Balance-Flächen können variiert werden: Hand- und Fußrücken, rechte/linke Schulter, Nase, Stirn. Schwierigkeitsgrade ausprobieren: Große und kleine Blätter. Schön auch mit Musik!

Bewegungsreisen

Wilde Schnecken

Wir laufen (rennen / tanzen / hüpfen ...) jetzt umher,
Das fällt uns gar nicht schwer!
Wir krabbeln unter Tische (über Stühle ...),
Und wackeln hin und her.

1. Wir sind jetzt ganz aus Gummi
   Und schwabbeln durch den Raum,
   Doch plötzlich wachsen Wurzeln
   Und wir, wir sind ein Baum!

2. Dann seh'n wir viele Kinder
   Im Wald spazieren gehn,
   Die fangen an zu winken
   Und bleiben plötzlich stehn:
   »Hallo ... (die Kinder begrüßen einander mit Namen) ...!«

3. Wir stampfen wie die Wilden
   Und trippeln dann ganz leis'.
   Wir schleichen und wir tuscheln
   Und finden uns im Kreis!

4. Wir recken und wir strecken
   Die Arme weit, weit aus,
   Und kriechen wie die Schnecken
   In unser Schneckenhaus!

Zauberland

Wir laufen durcheinander mit festem, festem Schritt ...,
ich seh', du tust dasselbe, ich nehm' dich einfach mit!
Wir suchen uns ein Plätzchen
und bleiben ruhig stehn
ich schau dir in die Augen
die find' ich richtig schön!
Wir klatschen einen Rhythmus
Wir patschen Hand auf Hand
Und jetzt sind wir verzaubert:
WIR SIND IM (Affen- / Elefanten- / Blumen - / Indianer- / Ritter- / Dino- / ...) LAND!!!
Die Kinder rufen laut diesen letzten Satz, wobei L jeweils ein Kind wählt, welches das Land benennt. Alle bewegen sich gemäß den Bewohnern dieses Landes, bis ein abgesprochenes Signal ertönt, das alle Kinder wieder in Kinder verwandelt. Das Spiel kann von vorne beginnen.

Guten Morgen, liebe Tiere: Eine kleine Aufwachreise

Alle liegen auf dem Boden (auch im Sitzen an den Schultischen mit Vornüberbeugen des Oberkörpers möglich: Schlafhaltung). Jedes Kind stellt sich vor, ein Tier zu sein (jedes auf seine eigene Weise). L erzählt die Geschichte, wie die Tiere im Dschungel schlafen, träumen, die ersten Sonnenstrahlen durch das Geäst fallen ... langsam erwachen die Tiere: Naserümpfen, Ohrenwackeln, dehnen, kratzen ... Ziel: Langsames, zögerliches Erwachen, Augenreiben, umherblicken und sich räkelnd langsam in Bewegung setzen und einander auf tierische Weise (langsam, noch müde) begrüßen. Wenn alle gut wach in Bewegung gekommen sind, ist das Spielziel erreicht: Die Tiere sind wach und bereit für Neues! (Mögliche Fortsetzung: Urwald.)

Urwald

Die Kinder krabbeln, kriechen ... durch den Raum und machen dabei die wildesten Geräusche und Laute. Durch eine Trommel wird laut und leise reguliert. Nach und nach versuchen die Tiere, eine gemeinsame Lautsprache zu finden, hören die gegenseitigen Laute, gleichen diese aneinander an, so dass ein Urwaldforscher meinen könnte, es gäbe ein völlig neuartiges Tier im Dschungel.

Hinweis:
Unter B 7: ›Rücken – Entzücken‹ finden Sie Vertrauen bildende Übungen, die auch zeitlich kurz gestaltet werden können und die energetisierend auf die Kinder wirken.

Mit Klanggesten und Raumklängen arbeiten

Einführung der Kinder in die Liedbegleitung

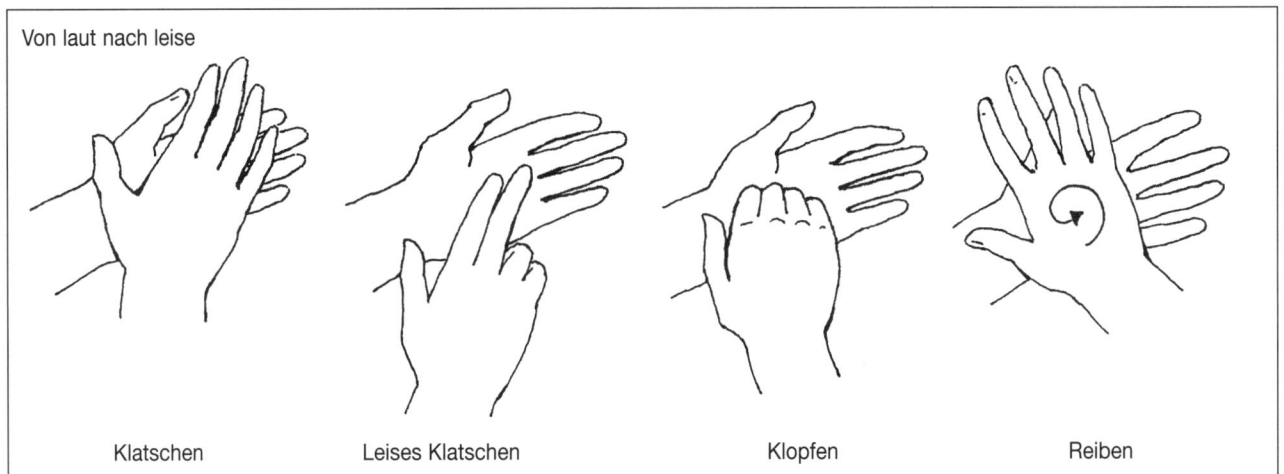

Von laut nach leise

Klatschen — Leises Klatschen — Klopfen — Reiben

Als **Klanggesten** (auch ›Körperklänge‹ genannt) werden alle Rhythmen bezeichnet, die durch Körpergesten (Klang erzeugende Bewegungen von Händen, Armen, Beinen und Füßen) erzeugt werden können. Beispiele: Klatschen mit offenen Handflächen / Klatschen mit Zeige- und Mittelfinger in die offene Handfläche / Reiben beider Handflächen aneinander / Reiben der Handflächen auf den Oberschenkeln / ›Knocking‹: Die Fingerknöchel aufeinander klopfen / Schnipsen / Stampfen und differenzierte Kontaktmomente zwischen Fußfläche und Boden usw.
Erweiternd kann die Stimme mit allen Variationen von Lautbildungen eingesetzt werden.

Raumklänge: Das Repertoire der Liedbegleitung erweitert sich, wenn wir alle möglichen Raumklänge im Klassenzimmer erproben, welche für die bewegte Liedgestaltung des RU interessant sind. Beispiele für Raumklänge: mit den Händen oder einzelnen Fingern auf Tische, Stühle, unterschiedliche Wandflächen klopfen, patschen, trippeln. Dabei darf immer ein Kind zur Erprobung eine neue Idee vorstellen, die von allen nachgeahmt wird. Laut-leise-Variationen werden ebenfalls jeweils durchgespielt.

Bewegungsimpulse sind kurze Bewegungssequenzen, die sich rhythmisch in Texte, Reime oder in Bewegungslieder einbauen lassen: Verschiedene Sprünge, synchrone Arm- und Beinbewegungen, Drehung um sich selbst u.a.

Spiel mit Zeit und Intensität der Gesten und Bewegungen
Alle von den Kindern entwickelten Momente können sich spielerisch zwischen den Momenten schnell – langsam (bis zur Zeitlupe) und laut – leise entfalten und dadurch natürlich gelenkt werden. (Beispielsweise kann ein Kind mit sehr lauten, starken Impulsen beginnen und von der Gruppe leise und fein gespiegelt werden und umgekehrt).

Von außen nach innen – von laut nach leise
Eine unruhige Klasse kann zur Ruhe und Sammlung finden, indem wir sie zunächst ein Lied mit großen Bewegungsimpulsen, lauter Stimme und starken Klanggesten begleiten lassen und anschließend eine Wiederholung durchführen, die sehr fein und leise beginnt, um nahezu lautlos zu enden.

In die Stille gehen: Von laut nach leise

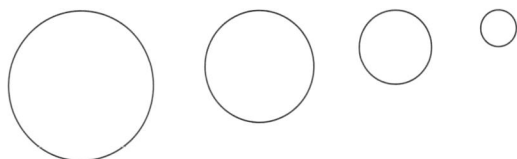

Ich kann dir vertrauen – Ich schließe meine Augen

Kleine Interaktions-Spiele, die uns helfen, einander vertrauensvoll zu begegnen

Spiel 1: Blind und trotzdem sehend!

Dieses erste Spiel führt die Kinder in ihre Imaginationsfähigkeit ein.

L: »Wisst ihr, dass ihr mit geschlossenen Augen dennoch ›sehen‹ könnt? ... Lasst es uns versuchen!« Erst, wenn alle Kinder die Augen kurz schließen, gibt L ein einziges Bildwort vor. Beispiel: »Vogel« / »Blume« / »Baum«. Nach ca. fünf Sekunden öffnen die Kinder ihre Augen und erzählen nacheinander, was für einen Vogel (oder Blume / Baum) sie gesehen haben und benennen Details. Für die Kinder ist es erstaunlich, dass ein einziges Wort so viele verschiedenartige Bilder hervorrufen kann. Diese Imaginationsspiele machen die Unverwechselbarkeit und Individualität der Kinder deutlich. Manche Kinder können anfangs gar nichts sehen, was ganz einfach auf mangelnde Übung (und leider auch auf mangelnde Erlebnisse mit der Natur) zurückzuführen ist. Wie Lesen und Schreiben kann auch Phantasie und ›Bilder zaubern‹ gelernt werden.

Spiel 2: Blind erspüren – Das Mond-Sterne-Spiel

Die Kinder sitzen an den Tischen und werden in Sterne- und Mondkinder eingeteilt. Alle Kinder legen Kopf und Arme auf den Tisch und schließen die Augen. Leise Musik (wenn möglich und kein zu großer Aufwand). Ruhig atmen. Warten. Stillwerden.

Auf ein Zeichen (Triangel) stehen die Sternenkinder leise auf. Jedes Sternenkind geht auf Zehenspitzen, ohne irgendwo anzustoßen, zu einem Mondkind (nicht zum Nebensitzer) und streichelt es sanft, ruhig und liebevoll auf dem Rücken.

Nach einem erneuten Zeichen (Triangel) stellen sich alle Sternenkinder in einem Halbkreis vor die Klasse. Jetzt erst öffnen die Mondkinder die Augen wieder und raten, welches Sternenkind sie berührt hat. Wer erraten wurde, setzt sich auf seinen Platz zurück.

Alles sollte in ruhiger Atmosphäre geschehen. Wurde das Streicheln des Sternenkindes als angenehm empfunden, winkt ihm das Mondkind zu. Sind alle Sternenkinder erraten, werden die Rollen getauscht.

Nach: Heidi Heim, Wenn die Füchsin in den Weg tritt, Konstanzer Taschenbuch 105, Christliche Verlagsanstalt, Konstanz.

Spiel 3: Blind ertasten – Ich geb' dir was, was du nicht siehst!

L hat vielerlei Dinge aus der Natur in einem verdeckten Korb mitgebracht. Alle Kinder schließen die Augen und öffnen die Hände. L flüstert die Namen der Kinder, einzeln nehmen die Kinder (ohne zu schauen) einen Gegenstand aus dem Korb und legen diesen einem anderen Kind in die Hände. Die Kinder befühlen die Dinge reihum und versuchen zu erraten, worum es sich handelt. Nach einer bestimmten Zeit erklingt ein Signal, welches die Erkundung beendet. Die Kinder verbergen ihren Gegenstand in ihren Händen und tauschen ihre Ergebnisse aus. Alles noch nicht Erratene wird gemeinsam (unbesehen) befühlt und erraten.

Spiel 4: Selektives Hören – Klänge erraten

In der Mitte liegen unter einem Tuch versteckt verschiedene kleine Klanginstrumente. Beispiel: Rassel, Triangel, Glöckchen und andere mehr. Alle Kinder schließen die Augen. L flüstert den Namen eines Kindes, das in die Mitte darf, um ein Instrument erklingen zu lassen. Die Instrumente sollen von den Kindern erraten werden. Die Kinder öffnen erst die Augen, wenn das Kind das Instrument unter das Tuch zurückgelegt hat und »Jetzt« sagt.

Spiel 5: Imagination ›Regenbogensegen‹

L lässt die Kinder an einen Regenbogen denken. Erfahrungen werden kurz ausgetauscht, die Farben des Regenbogens benannt. L erklärt, dass jedes Kind heute eine ›Regenbogendusche‹ bekommt. Das bedeutet, eine Farbe oder mehrere Farben fließen vom Scheitelpunkt wie ein Segen durch den Körper hindurch bis in die Erde. Während die Kinder ihre Augen geschlossen haben, kann L dieses Lichtmoment durch einen Segen für die Kinder vertiefen und mit einem schönen Klang oder einer meditativen Musik unterstützen. Eine weitere Möglichkeit ist folgende Zweierübung: Ein Kind berührt behutsam den Scheitelpunkt des Kindes und führt die Hände über den Rücken des Kindes, um diesen ca. dreimal ›auszustreichen‹. Abschließend erzählen die Kinder von erlebten, geschauten, empfundenen Farbeindrücken.

Vor den folgenden Schritten sollten einzelne Übungen aus den in diesen Arbeitshilfen integrierten Basis-Beiträgen mit den Kindern bereits erfolgreich erprobt worden sein: B 5: ›Ich kann dir vertrauen – Ich schließe meine Augen‹ / B 1: ›Wir bilden den Kreis‹ / Didaktisch-Methodischer Artikel ›Dynamik und Stille‹.

Ausgangssituation der Klasse: Die Kinder sollten bereit sein, weitere kleine Stille-Übungen zu erproben. Jedes Kind sitzt dabei am eigenen Platz oder in der bereits entwickelten Ruhe des Sitzkreises. Die Kinder sollten (mehrheitlich) ihre Augen schließen können. Eine Stille-Übung wird konsequent erst dann begonnen, wenn es mucksmäuschenstill geworden ist und L ein Feedback geben kann. (Beispiel: »Wie ist die Stille schön: Ihr seid schon alle ganz bei euch selbst zu Hause, das kann ich sehen und fühlen!«

Nach jeder der folgenden Übungen sollte L ein lobendes Feedback geben können. Tun sich die Kinder schwer mit der Übung, so wurde ihnen zu viel abverlangt und kleinere Zwischenschritte sind nötig, um sie wieder für diese Arbeit zu gewinnen. Das Feedback sollte dann eher eine Selbstkritik des L sein als ein Statement der Unzufriedenheit über die Kinder. Beispiel: »Heute fällt es schwer ... vielleicht sollten wir erst einmal in die Bewegung gehen. Vielleicht auch eine ganz andere Übung machen?«

Nach jeder Übung haben die Kinder Raum, sich über das Erlebte (ihre Wahrnehmung) auszutauschen. Jedes Kind gibt sein Erleben in die Mitte, d.h. es wird nicht diskutiert, bewertet oder kommentiert, sondern kurz und einfach mitgeteilt. Alle Übungen sind unter der Intention aufgebaut, den Raum (die Dauer) der Stillefähigkeit zu weiten. Die Kinder selbst bestimmen mit, ob sie eine Wiederholung oder sogar eine Weitung der jeweiligen Stille-Übung vornehmen möchten.

Zehn Schritte zur Weitung der Stille

1. Dem Klang lauschen:

L schlägt eine wohltönende Klangschale oder einen Klangstab an (Triangel-Klänge sollten nicht verwendet werden, da sie einen eher kalten, eisernen Ton abgeben, der zudem viel zu kurz im Raum verweilt). Die Kinder lauschen so lange dem Klang, bis dieser nicht mehr zu hören ist, dann öffnen sie ihre Augen. *Bei Gelingen: Lobendes Feedback / Austausch.*

2. Im Zwischenraum ist Stille – Das Ritual vom Beginnen und vom Beenden der Stille-Übungen einführen:

L erläutert, dass nun zweimal der Klang der Klangschale zu hören ist. Einmal zu Beginn und einmal als Zeichen, die Augen wieder zu öffnen (aber erst dann, wenn der Klang nicht mehr zu hören ist!). Dazwischen ist für eine ganz kurze Zeit ›**das kleine Nichts**‹. *Bei Gelingen: Lobendes Feedback / Austausch.* Diese Übung bildet die Grundstruktur aller folgenden Übungen, wobei im ›Zwischenraum Stille‹ zeitlich und inhaltlich Variationen erprobt werden, die anfänglich nur Sekunden, später einige Minuten dauern können.

3. Das kleine ›Nichts‹ nennen wir ›Stille‹

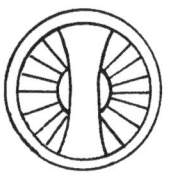

Wiederholung von Übung 2, allerdings mit dem Versuch, die Stille ein klein wenig länger dauern zu lassen. (L kann dabei Sekunden leise für sich zählen. Meist möchten es die Kinder schaffen, eine ganze Minute Stille halten zu können! Bei Unruhe die Übung beenden und es erneut versuchen, allerdings mit einer Zeitangabe, die für die Kinder leicht zu leisten ist). *Lobendes Feedback / Austausch.*

4. Ist die Stille wirklich still?

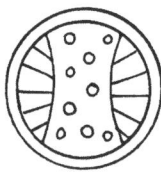

Wiederholung von Übung 3, mit der Aufgabe, zu hören, was ist, wenn wir still sind. (Zeitdauer für die Kinder angemessen ansetzen!) *Bei Gelingen: Lobendes Feedback / Austausch.*

5. Atmen in der Stille / Danken für den Atem

Wiederholung von Übung 4 mit der Doppelaufgabe (!), alles Hörbare zwar wahrzunehmen, sich aber nicht davon stören zu lassen. Um ganz in unserer Ruhe zu bleiben, hilft Folgendes: Ruhig ein- und ausatmen, ganz gleichmäßig. L spricht synchron ein Atem-Gebet, welches die Kinder im Rhythmus von Ein- und Ausatmen miterleben können: ICH ATME AUS ... ICH ATME EIN ... GOTT MAG IMMER ... BEI MIR SEIN. *Bei Gelingen: Lobendes Feedback / Austausch.* Bei allen nun folgenden Übungen wird wie nebenbei auf den ruhigen Fluss des Atems hingewiesen und weiterhin Beginn und Ende einer Übung durch die Klangschale signalisiert.

6. Bilder und Farben schauen in der Stille / Danken für alles, was ist

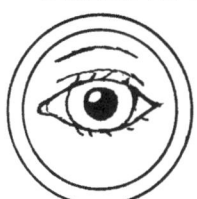

Wiederholung von Übung 5. L erläutert zuvor, dass wir diesmal mit unseren ›inneren Augen‹ sehen werden. Das gelingt aber nicht immer, denn es muss erlernt werden, fast wie Lesen und Schreiben. Wenn die Kinder still sind, gibt L eine kleine, klare Bild-Impression in die Stille. (Beispiele: Ein Vogel sitzt auf einem Ast im Baum / Die Sonne strahlt hell am blauen Himmel / Dein Lieblingstier möchte von dir gestreichelt werden ...). Dasselbe kann mit Farb-Impressionen gestaltet werden. (Beispiele: Ein warmes Rot bildet einen Schutzkreis um dich / Du schwebst wie auf einem hellblauen Wolkenkissen / Ein heller Lichtstrahl strahlt von oben durch dich hindurch: Welche Farbe hat er?). Ein Novum für die folgenden Stille-Übungen wird nun eingeführt: Als Abschluss einer Imagination spricht L jeweils 2–3 mal wiederholend ein entsprechendes, kleines Dankgebet, das von den Kindern still, leise oder laut mitgesprochen wird. Beispiel: GOTT, WIR DANKEN DIR FÜR DIESEN TAG, FÜR ALLES, WAS DA KOMMEN MAG. GEHE MIT UNS EIN UND AUS, BESCHÜTZE UNSER KÖRPERHAUS. AMEN. Das Signal der Klangschale schließt wie immer die Übung ab. *Lobendes Feedback.* Im *Austausch* beschreiben die Kinder im Blick auf die Sinneswahrnehmungen das Gesehene, Gehörte und Gefühlte.

7. *Phantasiereisen* in der Stille

Wiederholung von Übung 5. Nachdem die Kinder von der Welt der inneren Bilder wissen, kann die Stille geweitet werden: Kleine Phantasiereisen können stattfinden. (Siehe *P: Phantasiereisen*). Ein weiteres Novum kann eingeführt werden: Die Kinder dürfen sich einen eigenen Platz im Raum einrichten, an welchem sie sich ungestört auf eine eigene Reise begeben können. Später mögen es die Kinder, auch zu zweit beieinander liegend zu reisen. Ideen für kleine Phantasiereisen: Durch ein Tor auf dem Weg zum Garten / zu einer Blume / zu einem Baum / zum See / zum Wald / zur Quelle / ... und wieder zurück über den Weg, durch das Tor. Achtung: Zunächst müssen diese Reisen kurz und präzise beschrieben sein. Mit geübten Kindern können Freiräume der Phantasie überlassen werden, welche die Kinder selbstgesteuert gestalten. Auch können kleine Texte gesprochen werden. Ein entsprechendes, kurzes Gebet kann wiederholend gesprochen werden: WO ICH GEHE, WO ICH STEHE, BIST DU, GUTER GOTT, BEI MIR. WENN ICH DICH AUCH NIEMALS SEHE, WEISS ICH DENNOCH: DU BIST HIER. AMEN. *Lobendes Feedback / Austausch.*

8. Gesegnet sein in der Stille

Imagination: L gibt Bilder des Gesegnet-Seins in die Stille. Beispiele: Ein Tor aus bunten Farben, welches sich über den Kindern bildet / ein Lichtstrahl, der das Kind erhellt vom Scheitel bis zur Sohle / das Kind ist eine Pflanze, gesegnet vom blauen, weiten Himmel / Gottes Hand berührt uns sacht und segnet uns / Engel sind bei uns und um uns / ...

L spricht abschließend einen Segen für die Kinder. Beispiel: GOTT SEGNE DICH UND BEHÜTE DICH, DIE ENGEL GOTTES MÖGEN DICH BEGLEITEN AUF ALLEN DEINEN WEGEN. Ein Segenslied eignet sich ebenfalls. Beispiel: ›Gottes Hand hält dich fest wie ein Vogel im Nest‹ (**LB 10.1**) / ›Gottes Segen wird stets bei uns sein‹ (**LB 10.8**).

Bei einer vertrauensvollen Beziehung zu den Kindern kann L die Kinder während einer Phantasiereise auch reihum segnen.

9. Beten in der Stille

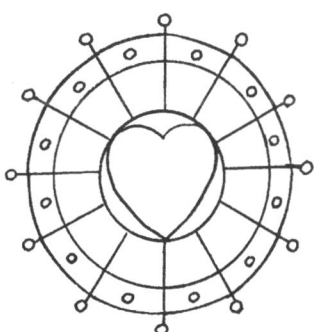

Bei allen Stille-Übungen kann sukzessiv ein eigener Stille-Raum als Gebetsraum für die Kinder entstehen. Auch dieser Stille-Raum weitet sich zunehmend, so dass die Kinder in der Stille mit

Gott gut sein können. Dabei können die Kinder jeweils eine eigene Gebetshaltung einnehmen. L beginnt zunächst das Gebet mit einleitenden Worten. Beispiel: GOTT, DU BIST BEI UNS, DU BIST UM UNS HERUM, AUCH WENN WIR DICH NICHT SEHEN KÖNNEN. DU KENNST UNSER HERZ, WIR MÖCHTEN DIR DANKEN UND BIT-TEN ... Die Kinder beten in der Stille weiter und können mit einem leisen ›Amen‹ ihr Gebet abschließen. L spricht mit allen Kindern ein abschließendes Gebet. Bisweilen ist den Kindern das Reihum-Gebet bekannt, in welchem die Kinder nach der Stillephase kleine Gebete verbalisieren, doch nicht alle Kinder mögen daran teilnehmen. So sollte der Abschluss immer durch ein gemeinsam gesprochenes Gebet gestaltet werden, welches den Kindern bereits bekannt ist und an welchem alle Kinder teilnehmen können. Um das Gebets-Spektrum für alle Kinder und für differenzierte Wahrnehmungsschichten zu öffnen (kognitiv, affektiv, emotiv), können wir den Kindern verschiedene Wege anbieten, durch welche die Kindergebete Ausdruck und Gestaltung finden können. Dies ermöglicht allen Kindern, ihren Gebeten sichtbaren Ausdruck zu verleihen. Ein Teil der Stille kann zum **Stillen Schaffen*** werden: Unterschiedliche, den Kindern bereits bekannte Materialien stehen zur Verfügung (Papier und Stifte, Wachskreide, Wasserfarben, Stoffreste, kleine Naturmaterialien, Glassteinchen, Schnüre, Fäden, Schneide- und Klebematerial ...). Die Kinder können ihrem Gebet durch Farben, Formen und Worte Ausdruck verleihen. Aber auch durch Gesten (siehe **Bewegtes Gebet***), welche sie einander zeigen und die von allen Kindern erwidert werden (Körpergebete). Abschließend werden alle ›sichtbaren Gebete‹ in einem **Mutmachkreis*** gewürdigt.

10. Spielend in die Stille gehen / Sinnesorientierte, objektgebundene Stille-Übungen ›Alles Sichtbare ist ein Zeichen des Unsichtbaren‹ (Hildegard von Bingen)

Anmerkung: Die Ideen dieser Stille-Stufe grenzen an die Vorgehensweise der **Kräfteschulung*** (siehe den didaktisch-methodischen Artikel dieses Halbbandes).

Die Kinder lieben es, wenn L Dinge mit in den Unterricht bringt, die es zu entdecken gilt. So können auch allerlei Dinge aus der Natur in die Stille hinein begleiten und Mitte der Besinnung werden. Am Beispiel einer weichen, zarten Vogelfeder sei dies exemplarisch dargestellt: »Ich habe etwas mitgebracht, etwas zum Fühlen. Es ist so fein, dass wir es mit geschlossenen Augen besser fühlen können.« L bittet die Kinder, die Augen zu schließen. L streichelt jedem Kind mit der Feder über die Wange (wenn viele Kinder der Gruppe angehören, dürfen einzelne Kinder helfen und bekommen ebenfalls eine Feder). Erst wenn alle Kinder berührt wurden, öffnen sie die Augen. Nun wird die Feder reihum gegeben, die Kinder berühren einander sehr behutsam. Nun gehen wir in die Stille mit diesem Thema, das sich in der anschließenden Phantasiereise spiegelt: *Wir verwandeln uns in eine Feder, leicht und fein. Ein Lufthauch trägt uns hinein in das Blau des warmen Sommerhimmels. Ein Vogel findet uns und polstert sein Nestchen mit uns aus. Wir helfen somit den Vogeleltern, ihre Vogeleier zu wärmen ...*

Auch in einem sich anschließenden Gebet kann sich die Thematik der Leichtigkeit wiederfinden (in diesem Fall könnte auch die Thematik des Daseins-für-Andere aufgenommen werden): GOTT, MANCHMAL FÜHL' ICH MICH SO SCHWER: SORGEN DRÜCKEN GAR ZU SEHR. BERÜHR' MEIN HERZ GANZ ZART UND FEIN, LASS' ES LEICHT WIE EINE FEDER SEIN. AMEN. Sogenannte objektgebundene Stille-übungen motivieren die Kinder sehr, in das kreative, stille Arbeiten zu gehen und eigene Texte und Bilder zu entwickeln. Im folgenden Ideenraster finden sich weitere, selbst weiter zu entfaltende Impulse für Sinnesübungen.

Objekt-Impuls	Weg zur Stille	Phantasiereise	Gebet	Stilles Schaffen
Schneckenhaus/Meeresmuschel	Rhythmisches Gehen von laut nach leise / Laute Tiere – leise Schnecken	Der Weg einer Schnecke, Erwachen, Neugierde, Entdecken, Freude	Führ mich den Weg in die Stille hinein, / lass mich ganz geborgen sein. / Sei um mich mit Liebe und Licht, / Gott schütze und segne mich.	Einen eigenen Spiralweg zur Mitte gestalten (im Klassenzimmer oder im Heft)
Stein	Bewegung mit plötzlichen ›Freeze‹-Momenten (Innehalten, Versteinern). Ruhend werden wie ein Stein	Stein in einer bestimmten Landschaft, nimmt alles wahr, auch Tiere auf seinem ›Rücken‹. Still, aber hellwach!	Still und ruhig wie der Stein will ich sein. / Lass hören mich der Welten Treiben / und tief im Innern ruhig bleiben.	Kontrastbild: Chaos – Stille
Vogelnest	Jedes Kind sucht einen stillen Ort im Raum	Der Flug des Vogels, Begegnung mit anderen Tieren	Im Vogelnest kuschle ich mich ein, / darin will ich geborgen sein. / Beschütze du, Gott, alles, was lebt, / alles was krabbelt, rennt, schwimmt und schwebt.	Bild- oder Objektentstehung: Bei Gott bin ich geborgen
Kerze	Jedes Kind zündet ein Teelicht an einer großen Kerze an. Stille Betrachtung. Augen schließen und versuchen, das Licht mit den inneren Augen zu sehen.	Ein Märchen vom Licht / Jesus sagt: Ich bin das Licht / Eine Jesus-Begegnung	Im Leben wohnen Freude und Leid, / wir tragen ein buntes Lebenskleid. / Wir kennen unsere Tage noch nicht, / schenke du uns, Gott, ein Kleid aus Licht.	Ein Licht-Mandala als Fensterbild aus Transparentpapier oder aus anderen Materialien

Literaturempfehlung:

Maria Montessori, Kinder sind anders, Frankfurt/Berlin/Wien 1980.
Vreni Merz, Von außen nach innen. Meditationsübungen mit Kindern, Jugendlichen und Erwachsenen, Luzern 2005.
Hubertus Halbfas, Religionsunterricht in der Grundschule, Lehrerhandbuch 1–3, Zürich/Düsseldorf 1983–1985.
Hubertus Halbfas, Der Sprung in den Brunnen. Eine Gebetsschule, Düsseldorf 1985.
Gabriele Faust-Siehl u. a., Mit Kindern Stille entdecken, Unterrichtspraxis Grundschule, Frankfurt am Main 1990.

Rücken – Entzücken
Interaktive Berührungs- und Achtsamkeitsübungen zur Vertrauensbildung

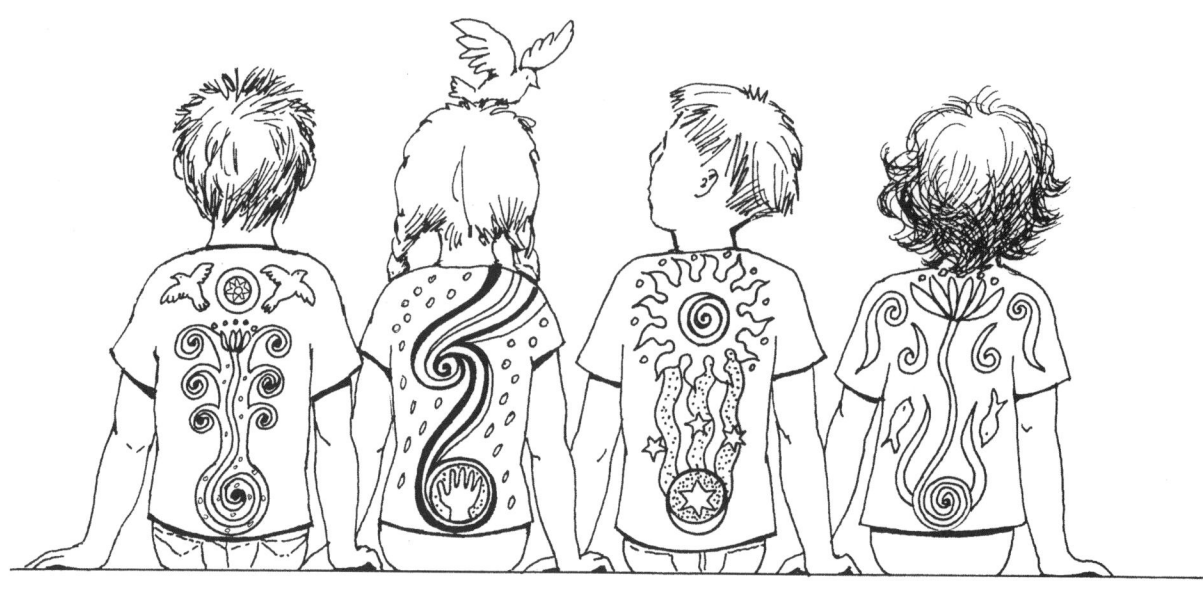

Die religiöse Intention dieser Übungen: Kinder lernen in erster Linie durch Imitation. Wollen wir als religiös motivierte Menschen den Kindern vermitteln, dass wir zu Gott Vertrauen haben können, so ist der Weg über die ›Begreifbarkeit‹ zu nehmen. Kinder lernen nicht durch unsere gesprochenen Worte die theologischen Gehalte und Wahrheiten derselben kennen, sondern ganz konkret durch das Vertrauen, das sie zu uns als Lehrende entwickeln können. Wir sind durch unser Lehren und Handeln die Vermittelnden zwischen Gott und den Kindern. Schon immer wurde die christliche Botschaft dadurch übermittelt, dass Jesus und seine Jüngerinnen und Jünger Menschen berührt haben und ihnen durch diese Berührung die Liebe Gottes erfahrbar wurde. Ein wesentliches Merkmal von Religion ist die Begegnung. Und das Ziel religiösen Lehrens und Lernens ist es, einander mit Würde, Achtsamkeit und mit Liebe zu begegnen. So bildet der RU als solcher ein Refugium aus Verhaltensformen, die in diesem besonderen Schutzraum eingeübt werden können, so auch die folgenden Übungen, die auf das gegenseitige Vertrauen und auf das Sich-Gott-anvertrauen-Können, zielen. Die intendierte Kompetenz lautet in dieser Übungsphase: ›Ich vertraue dir, dass du mich behutsam berührst und mir nicht wehtust.‹

Interaktion, Selbstwahrnehmung und Kommunikationsfähigkeit: Diese Interaktionsmomente schulen im Kind die Wachsamkeit seiner Körperwahrnehmung sowie die Fähigkeit der konkreten Benennung eigenen Empfindens: ›Ich kann dir sagen, ob mir das, wie du mich berührst, gefällt oder nicht.‹ Darüber hinaus bekommen die Kinder ein Gefühl für ein breites Spektrum taktiler Wahrnehmungs- und Berührungsintensitäten. Dabei ist der Faktor der Langsamkeit der Schlüssel zur Vertrauensbildung. Stellen wir uns eine Mutter vor, die auf rasche Weise ihr Baby aus dem Bettchen nimmt, es zügig an sich drückt und ebenso rasch wieder ablegt. Während solch einer ›Berührungs-Vermeidung‹ kann keine vertrauensvolle Beziehung entstehen. Jegliche Berührung, in Langsamkeit und sicherer Behutsamkeit ausgeführt, knüpft an die in der frühen Kindheit erfahrenen Berührungen an, unterstützt die Vertrauensbildung zu L und bildet eine Basis für das Gottvertrauen der uns anvertrauten Kinder.

Die Sitzhaltungen: Die hier vorgestellten Berührungsreisen sollten anfangs unbedingt im *Stuhlkreis (oder am Boden)* begonnen werden, wobei jeweils Zweiergruppen miteinander interagieren. Dabei sitzt ein Kind rittlings auf dem Stuhl, Arme überkreuz auf der Rückenlehne, der Kopf ruht auf den Armen. Das agierende »Partnerkind« sitzt auf seinem Stuhl dahinter. Beide Kinder sind der Kreismitte zugewandt, so dass L jedes Kind im Blick hat und die Kinder zur behutsamen Ausführung der jeweiligen Berührungen anleiten und begleiten kann. Dabei sollte L jede Übung an einem Kind deutlich demonstrieren, so dass die Kinder diese nachahmen können. Natürlich können diese Übungen auch *an den Tischen* stattfinden: beide Kinder drehen sich einfach in dieselbe Richtung.

Eine kürzere, anfängliche Berührungssequenz kann auch im Stuhlkreis auf folgende Weise stattfinden: Alle im Kreis sitzenden Kinder drehen sich in dieselbe Richtung (links- oder rechtsherum). Jedes Kind blickt dadurch auf den Rücken des vor ihm sitzenden Kindes. Die Stuhllehnen bilden einen Außenkreis und geben dadurch den Weg zur Rückenbearbeitung frei. (Auch hier sind kleine Sitzhocker von Vorteil.)

Wenn die Kinder Behutsamkeit erlernt haben, können diese ›Rückenreisen‹ auf weichen Unterlagen auf dem Boden liegend erlebbar gemacht werden, was die Kinder weit mehr genießen. Dabei liegen die Kinder sternförmig mit den Füßen zur Kreismitte auf dem Bauch. Das Partnerkind kniet daneben.

Klare Regeln sind wichtig: Auch hier ist die Funktion von L, ›Hüter/in / Wächter/in des Raumes‹ (der vertrauensvollen Atmosphäre) zu sein. Sollte ein Kind während solcher Vertrauensübungen ein anderes Kind durch unangenehme Berührung stören, ist es unbedingte Verantwortung des/der L, dies zu benennen und mit allen Kindern zu thematisieren. Denn dies bedeutet Missbrauch des Vertrauens und darf sich nicht wiederholen. Die Kinder haben einen ausgeprägten Sensor für die Existenz und Ernsthaftigkeit einer vertrauensvollen Umgebung, die primär in der Verantwortung des/der L steht. Es bedarf dieses Primärvertrauens zu L von Seiten des Kindes, um sich überhaupt auf diese Übungen einlassen zu können. So sollten im Vorfeld gemeinsam mit der Klasse Konsequenzen benannt werden für Kinder, die (noch) nicht fähig sind, Vertrauen bildend zu arbeiten.

Der erste Schritt: Wächterin und Wächter des Raumes sein

Um die Kinder mit dieser Berührungsarbeit vertraut zu machen, ist es wichtig, die Rückenreisen als ›Wohlfühl-Kreise‹ vorzustellen (jeder Klasse bleibt überlassen, wie sie diese Übungskreise benennen möchte). Dabei gibt es nur ein Gesetz: Wir tun einander niemals weh, sondern tun einander gut. Das heißt: Wir können einander vertrauen. L stellt sich dabei selbst als ›Wächterin/Wächter‹ vor, der/die Acht gibt, dass kein Kind geärgert wird, während es doch vertraut hat. Für die erste Übung dieser Art sollten alle Kinder mit L im Stuhlkreis sitzen und die ersten Rückenreisen synchron mit allen Kindern durchgeführt, erprobt und präzise beobachtet werden. Auch hier ist Konsequenz die Mutter allen Neubeginns: L sollte sofort abbrechen, wenn auch nur im Ansatz Lustigmacherei oder unsanfte Berührung beobachtet werden. Erneute Abfrage der Bereitschaft des jeweiligen Kindes ist dann notwendig. **Wichtig:** Aufgabe des agierenden Kindes ist es, sich zu erkundigen, ob seine Berührungen angenehm für das empfindende Kind sind. Aufgabe des empfindenden Kindes ist es, klare Rückmeldung zu geben, wenn es etwas als angenehm oder als unangenehm empfindet. Unbedingt sollte respektiert werden, wenn ein Kind (ausnahmsweise) nur still beobachten möchte.

Die erste kleine Berührungs-Sequenz

Wir legen einfach und ganz langsam unsere Hände auf den Rücken des vor uns sitzenden Kindes, schließen die Augen und spüren (ca. 10 Sekunden), was passiert. Dann nehmen wir ebenso langsam wieder die Hände zurück, öffnen die Augen und fühlen nach: Noch immer ist die Wärme am Rücken zu spüren, als wären die Hände noch immer an diesem Platz! Jedes Kind kann nun erzählen, ob sich das gut oder weshalb es sich nicht so gut angefühlt hat. L sollte jede gelingende Runde konkret mit Lob versehen und den Kindern rückmelden, ob es jedem Kind gelungen ist, Vertrauen entstehen zu lassen. Dies ermutigt die Kinder in ihrer Bereitschaft, weitere Lernschritte zu gehen.

Klärung der Bereitschaft vor Beginn

Ein wichtiger Schritt ist die Frage nach der Bereitschaft. L: »Seid Ihr bereit, dass wir einander sehr fein berühren können?« Kinder, die nicht bereit dafür sind, bleiben im Kreis und dürfen das Ganze einfach still beobachten. (Oder sie bekommen ggf. eine Sonderaufgabe, um die Gruppe in ihrer Arbeit in Ruhe zu lassen, was selten geschieht, da es den Kindern Freude macht, an den Übungen teilzunehmen.) Wenn L die Zusage von den Kindern erfragt, kann diese von jedem Kind durch eine ›Flüster-Zusage‹ bestätigt werden. Dabei flüstern die Kinder einander einen Vertrauenssatz ins Ohr wie z.B. »Hab' keine Angst, meine Hände meinen es gut mit dir!«

Klärung der Befindlichkeit während der Übungen

Während der Übungen (am besten gleich anfangs) bekommen die Kinder die Möglichkeit, deutlich Rückmeldungen an das berührende Kind zu geben. L regt dies an durch die Frage (Beispiel) »Geht es euch gut? Sollte die Berührung stärker oder feiner sein? Oder ist es so genau richtig und schön? Sagt es kurz eurem Partnerkind ...«. Für die Kinder muss klar sein, dass sie jederzeit Rückmeldungen geben können. Dies schult die Selbst- und Fremdwahrnehmung sowie das Interaktionsverhalten der Kinder untereinander.

Abschluss der einzelnen Übungen

Die meisten Übungen enden mit dem ruhigen und Wärme spendenden Auflegen beider Handflächen entweder im Bereich der Schulterblätter oder auf dem unteren Rücken im Bereich der Lendenwirbel. Dies vermittelt Ruhe, Schutz und Geborgenheit. Danach werden die Hände immer langsam vom Körper entfernt, niemals schnell, da dies ein plötzliches Kältegefühl erzeugt. Abschließend wird der Rücken ›geklärt‹, indem beide Hände den Rücken von den Schultern bis zum unterem Rückenbereich ausstreichen, als würden wir eine Tafel wischen. Die Kinder nennen dieses Ausstreichen auch gerne ›Dusche‹. Wir streichen insgesamt 3-mal über den Rücken und zählen dabei gemeinsam auf drei, was einen klaren Abschluss markiert.

Die erste Rückenreise / Warm Up: ›Wind und Wetter‹

Alle Kinder wenden sich auf dem Stuhl in dieselbe Richtung, wobei die Stühle mit der Lehne nach außen gerichtet, stehen bleiben. (Achtung: Das synchrone Arbeiten mit allen Kindern im Kreis gelingt nur dann, wenn die Abstände voneinander so gering wie möglich sind. Am besten, die Kinder sitzen oder knien hintereinander auf dem Boden oder bilden Zweiergruppen, so dass jedes Kind die Reise genießen kann.) Nun reiben wir unsere Handflächen so schnell und fest aneinander, bis sie warm sind und legen sie auf unser Herz (Alternativ: Wir halten sie wie geöffnete Schalen). Dazu kann L ein kleines, freies Gebet sprechen und Gott um Behutsamkeit und Liebe für unsere Hände bitten, sowie für das Kind, das vor uns sitzt. (Beispiel: ›Gott, gib Liebe in unser Herz und Liebe in unsere Hände, damit wir einander Freude schenken können‹.)
Dann legen wir langsam die Hände auf den Rücken des Partnerkindes / des Kindes vor uns.

Zuerst fallen leichte, feine Regentröpfchen.
Die Fingerkuppen tupfen fein auf den ganzen Rücken.

Dann werden die Tropfen mehr und mehr.
Die Fingerkuppen tupfen nur etwas schneller und etwas stärker.

Nun kommt ein Wind.
Die Hände streichen über den ganzen Rücken.

Der Wind wird zum Wirbelwind.
Die Hände streichen kreisend über den Rücken.

Nun wird es heller, die Wolken öffnen sich.
Beide Hände streichen von der Wirbelsäule nach außen.

Und die Sonne scheint hell und warm.
Die Hände berühren wärmend den Lendenwirbel- oder Schulterbereich und ruhen.

Anregungen und Ideen für weitere Rückenreisen:

1. Im See
    Bäche fließen von allen Seiten zu einer Mitte.
    Die Hände streichen wellenförmig über die Arme zur Rückenmitte.

Viel Wasser strömt herbei und bildet einen See.
In der Mitte des Rückens kreisförmiges Streichen.

Ein leichter Wind streicht über den See.
Feines, kurzes Streichen.

Der Wind macht kleine Wellen auf der Wasserfläche.
Wellenförmiges Streichen.

Die Wasserpflanzen im See fühlen die Wellen und bewegen sich mit.
Wellenlinienförmiges Wachsen entlang der Wirbelsäule von unten nach oben.

Im See leben bunt schillernde Fische. Die Sonne lockt sie nach oben.
Abwechselnd mit den Fingerkuppen kurze Linien über den ganzen Rücken malen.

Und hier kommt ein Schwarm kleiner Kaulquappen.
Fingerkuppen trippeln wie Regentropfen.

Jetzt hat der Wind aufgehört und der See wird ganz ruhig. Es ist Abendzeit und alle Fische tauchen zurück in die Tiefe.
Ausstreichen des Rückens mit den flachen Händen von Nacken bis Lendenwirbelbereich.

Nun schlafen die Tiere im See, alles ist ganz still geworden.
Beide Hände ruhen auf dem Rücken (Brustwirbel- und Lendenbereich).

2. Mutter Erde

Imagination: Im Lendenwirbelbereich liegt ruhig (*unter unserer wärmenden Hand*) der Same eines Wunderbaumes. Er wächst entlang der Wirbelsäule und breitet seine Äste im Schulterbereich aus, Blätter wachsen zur Sommerzeit, viele Tiere (Vögel, Schmetterlinge, Käfer ...) besuchen den Baum. Im Herbst kommt der Herbstwind, weht Blätter herab, die Kraft des Baumes zieht sich in den Wurzelbereich zurück und begibt sich (*unter der Wärme der Hände, wie eingangs*) zur Winterruhe.
Variationen: Blume, ein Tier, welches aus dem Winterschlaf erwacht, oder eine Schnecke, die aus ihrem Haus kriecht.

3. Die Blume / Der Baum

Die Blumenzwiebel (oder eine Kastanie, ein Apfelkern ...) wird im Lendenbereich ›eingepflanzt‹ und von der Sonne (*beiden Händen*) gewärmt. Langsam wächst unsere Pflanze dem Licht entgegen (*Streichen entlang der Wirbelsäule Richtung Halswirbel*) und entfaltet ihre Blüte / Baumkrone (*kreisende, öffnende Streichbewegungen zu beiden Schulterbereichen hin, synchron mit beiden Händen*). Die Sonne wärmt unsere Pflanze, sie kann Licht ›tanken‹ (*ruhiges, wärmendes Auflegen beider Hände auf die Schulterblätter*).

4. Kleine Schnecke

Eine Schnecke (*die Kinder wählen Namen für sie*) wohnt bei den Wurzeln eines Baumes (*die Fingerkuppen ziehen eine Spiralform im Lendenwirbelbereich*). Sie schläft noch (*beide Hände wärmen diesen Bereich*). Doch nun erwacht sie und schaut aus ihrem Haus: Ein schöner Tag ist heute! Sie kriecht den Baum hinauf (*Hände streichen langsam und in kleinen Schüben die Wirbelsäule hoch*) und kriecht oben in der Baumkrone hierhin und dahin (*Streichen mit den Zeige- und Mittelfingern der Hände in verschiedene Richtungen des Schulterbereiches*). Sie sieht von hier oben: Himmel, Wiese, ... Jetzt ist sie müde und möchte nach Hause zurück. (*... Spirale ... Wärme*). Nun schläft sie.

5. Warm Ups:

Als kurze Aufwach-Sequenz können auch Imaginationen wie ›Wind‹ auf den Rücken übertragen werden, wobei die Hände lediglich wärmend über den Rücken in kreisförmigen Bewegungen streichen.

Literaturhinweis:
Marion Deister, Reinhard Horn, Streichelwiese. Ganzheitliche Körpererfahrung für Kinder.
Geschichten, die mit den Fingern erzählt werden. Kontakte- Musikverlag, CD »Streichelwiese«.

Rempeln, Raufen, Rücksicht nehmen

Die Kinder lieben die körperliche, taktile Begegnung untereinander, welche ihnen einen starken sensorischen Eindruck der Grenze zwischen ›Ich‹ und ›Du‹ vermittelt. Lernpsychologisch sind diese intensiveren Kontakte unabdingbar sowohl für die Entwicklung der körperlichen Selbst- und Fremdwahrnehmungsfähigkeit als auch für die räumliche Orientierung.

Leider endet diese Weise der Begegnungs- und Bewegungslust häufig mit Tränen, da die Kinder keinerlei Übungsraum für ›schmerzfreies Raufen‹ zur Verfügung gestellt bekommen und derlei Begegnungsschulung nur selten Teil des Schulcurriculums ist. Dennoch brauchen die meisten Kinder die Erfahrung stärkeren Körperkontaktes zur gehirnphysiologisch begründeten Entwicklung intellektuell-kognitiver Kompetenzen (an dieser Stelle sei auf die Forschungen von Werner Spitzer verwiesen).

Häufig wird die Unterrichts- und Lernfähigkeit der Kinder durch unbewältigte Konflikte, unbewusstes Aggressions- und Opferverhalten sowie Hilflosigkeit im Umgang mit der Klassenkommunikation vermindert oder gar verhindert. Auch im Religionsunterricht wird die Gruppendynamik (häufig durch das Aufeinandertreffen verschiedener Klassen) sichtbar und darf nicht blind übergangen werden. Konfliktmomente können innerhalb des RU als Chancen ergriffen werden, kommunikative und soziale Kompetenzen einzuüben. Dieser Basis-Beitrag macht lediglich auf diese Problematik aufmerksam und lädt dazu ein, einen neuen Umgang mit Konflikten an der Schule zu fördern.

Die vielfältigen ›Körperkontaktkonflikte‹ der Kinder untereinander drücken ihren natürlichen Kontakt- und Kommunikationswunsch aus und bedürfen eines ›Übungsraumes‹, um diesen kontaktfreudig und weitgehend schmerzfrei zu gestalten.

Samtpfote und Bärentatze

Bild- oder Objektimpulse: Katze / Bär. UG: Die Kinder sprechen über die unterschiedlichen Eigenschaften von Katzen und Bären. L kann an die streichenden, feinen Berührungen der Katze erinnern, wenn sie um uns herumstreich(el)t. Bären sind schwere, kräftige Tiere. Man stelle sich vor, sie reiben ihr Fell an einem starken Baum ... – Auch unsere Berührungsqualitäten sind unterschiedlicher Natur.

Spiel: Ein Spiel kann sich anschließen, in welchem die Kinder Katzen und Bären nachahmen und einander auf unterschiedliche Weise kontaktieren.

Samtpfoten

Vorübung: L hat vielerlei Materialien dabei, die sich weich auf der Haut anfühlen (Federn, Samt- und Seidenstoffstücke, Fellstücke und anderes). Alle Dinge liegen verdeckt in der Mitte. Die Kinder sitzen im Kreis. Jedes Kind ertastet einen Gegenstand. Zu zweit streicheln sich die Kinder mit diesem Gegenstand über die Handinnen- und Außenseite sowie über die Wangen, wobei das fühlende Kind die Augen schließt und versucht, das jeweilige Material zu erraten. Alle Dinge werden verdeckt oder hinter dem Rücken weitergereicht, so dass alle Kinder die verschiedenen Materialien fühlen und erraten können.

Samtpfoten-Begegnung 1

Alle Kinder begeben sich nun ›auf die Straße‹: sie gehen rascheren Schrittes durch die Bankreihen im Klassenzimmer (L kann unterschiedliche Geh-Rhythmen mit einem Tamburin anleiten). Auf ein Signal hin gehen die Kinder aufeinander zu (dies kann durch das Rufen der Zahlen 2–4 in Kleingruppen erfolgen) und begrüßen sich auf zarte Weise. Beispiel: Mit einer Feder über die Wange streicheln; die Hand mit einem Fellchen berühren usw.

Samtpfoten-Begegnung 2

Ein zweiter Durchlauf kann darin bestehen, dass die Kinder einander ebenso achtsam begegnen, aber ohne einen diese Berührung vermittelnden Gegenstand. Die Kinder entwickeln selbst kleine Gesten der zärtlichen Begegnung.

Bärentatzen

Bei diesem Interaktionsspiel gibt es eine Regel: Rempeln, aber einander nicht wehtun!
Vorübungen: Die Kinder üben in Zweiergruppen, wie sie sich anrempeln und miteinander raufen können, ohne einander weh zu tun. Dabei wird ein Signalwort vereinbart, welches das ›Au‹ (oder ›Stopp‹), also die sofortige Unterbrechung zur Folge hat. Diese Regeln müssen klar vermittelt werden. Kinder, welche auf Grenzüberschreitung nicht reagieren, bekommen eine weitere Chance mitzuspielen, beim zweiten Mal müssen sie ausscheiden, ein anderes Kind darf an ihrer Stelle weitermachen. Gelingt es jenen Kindern, welche übermäßig raufen, langsam ein Maß an Achtsamkeit zu erarbeiten, sollte ein anerkennendes Lob zur Lernverstärkung nicht ausbleiben!
Wenn Bodenmatten, Sitzkissen oder Matratzen zur Verfügung stehen, kann ein Kreis gebildet werden, in welchem sich eine kleine Gruppe raufen darf, während die übrige Gruppe den Schutzkreis bildet, der die Innengruppe ›abfedert‹ und darauf achtet, dass niemand ›herauspurzelt‹. Danach wird gewechselt, damit alle Kinder diese Erfahrung machen können, wobei sich die Gruppen selbstständig bilden sollten. Augenmerk sollte insbesondere sowohl auf Kindern liegen, welche die Grenze des ›Du‹ noch nicht wahrnehmen können, als auch auf Kindern, die sich nie an diese Grenzen wagen und ängstlicher Natur sind. Letztere gilt es zu ermutigen, Neues zu wagen.

Bärentatzen-Begegnungen:

Anschließend geht es erneut ›auf die Straße‹, d.h. alle Kinder gehen beschleunigten Schrittes durch den Raum. Sobald sich zwei oder mehrere Kinder begegnen, können sie einander auf rücksichtsvolle Weise anrempeln. Regel: Niemandem Schmerz zufügen. Wird diese Grenze überschritten, drücken die betreffenden Kinder dies durch den ›Au‹-Laut aus. Daraufhin muss die ›Rempelszene‹ unbedingt wiederholt werden, aber so, dass sie sanfter ausfällt, d.h. ein Lernprozess wird angestrebt, der es jedem Kind ermöglicht, Maß und Intensität seiner Rempelei nach und nach selbst einschätzen und regulieren zu können.

Kräfteschulung

Spielend danken lernen
Wir danken Gott, der uns und alle Wesen erschaffen hat

Erlebnisgestalt: Blumenzwiebel

Schritt 1: Definition der zu schulenden Kraft (Kompetenz) und die Wahl der Erlebnisgestalt

Die Kinder können ihren Dank über sich selbst und alles Lebendige spielerisch und kreativ zum Ausdruck bringen. Als Erlebnisgestalt kann eine Blumenzwiebel (oder andere Pflanzenkerne oder -samen) dienen. Die Blumenzwiebel kann unter einem Tuch versteckt liegen oder in einem Fühl-Beutelchen aufbewahrt sein. L weist darauf hin, dass es heute um ein Geheimnis geht, das sehr vorsichtig berührt sein möchte, denn es ›schläft‹ noch. Die Kinder betasten behutsam die versteckte Zwiebel und erraten, was dies ist. L deckt die Zwiebel auf und hält sie behutsam in den Händen. Das Geheimnis ist die Blüte, die noch im Verborgenen ruht.

Schritt 2: Spielerisches Erleben mit der Erlebnisgestalt (Vorschläge zur Auswahl)

- Wir wissen nicht, wie die Blüte dieser Zwiebel einmal aussehen wird, aber wir können sie ›phantasieren‹: Wir spielen ›Mutter Erde‹, und jedes Kind nimmt ebenso behutsam die Zwiebel und umschließt sie mit den Händen (wie die schützende Erde) und beschreibt seine eigene Phantasieblume: »Meine Blume wird einmal gelb und innen rot!« usw. Abschließend legt L die Pflanzenzwiebel in einen Blumentopf und bedeckt diese mit Erde; die Kinder geben Wasser hinzu.

- **Rücken – Entzücken:** Alle Kinder wenden sich im Kreis in dieselbe Richtung und bilden Zweier-Gruppen. Nun spielen wir, dass unser Rücken ein Garten ist mit guter Erde.
  - Wir nehmen unsere (imaginäre) Blumenzwiebel und legen sie in die Erde.
    (Beide Hände legen wir wärmend auf den unteren Wirbelsäulenbereich.)
  - Unsere Zwiebel spürt die Wärme der Sonne und erwacht.
    (Beide Hände kreisen langsam.)
  - Nun wächst sie zum Licht, höher und höher.
    (Beide Hände streichen stückchenweise die Wirbelsäule entlang Richtung Kopf.)
  - Ganz oben entfaltet sie ihre Blüte! Sie ist groß und wunderschön!
    (Beide Hände streichen synchron mehrmals zu den Schulterblättern.)
  - Unsere Blüte liebt das Licht und die Wärme.
    (Ruhiges, wärmendes Auflegen beider Hände auf den Schulterblättern.)
  - Wie mag deine Phantasie-Blüte wohl aussehen? Wie duftet sie? ...
    (Zeit lassen.)
  Schluss: Bald kommen Regentropfen (Fingerkuppen-Trippeln) und nähren deine Blume!
  Die Kinder recken sich und dehnen sich. Gespräch über die Imaginationen der Kinder (siehe B 7: Rücken – Entzücken).

- **Bewegungsreise:** Die Kinder legen sich auf die Erde und spielen selbst die Pflanzenzwiebel. L erzählt mit Worten und Klängen vom Wachsen der Pflanze (Gitarre oder Xylophon eignen sich zur Begleitung), während sich die Kinder dazu bewegen bis zum Stehen und ›Aufblühen‹ im Raum. Anschließender Austausch über das Erlebte.

Schritt 3: Theologischer Inhalt / ›Einatmen‹

L 5.4: Ich glaube, dass Gott mich erschaffen hat. L spricht die Worte eines neuen Liedes und begleitet dieses mit Bewegungsgesten:

Ich glaube, dass Gott mich erschaffen hat ...

In die Hocke gehen und sich langsam aufrichten. Dabei streichen die Hände behutsam von den Füßen über den ganzen Körper bis hinauf über die Wangen zum Kopf.

zusammen mit allem, was lebt.

Weites Öffnen der Arme bis zum Himmel.

zusammen mit allem, was lebt.

Die Kinder verbinden sich durch Händehalten, Arme auf Schultern legen ...

Nun wird das Lied mit der Melodie begleitet und memoriert, wobei L nach und nach einzelne Worte des Textes auslässt und die Kinder dadurch motiviert, stimmkräftiger zu singen.

Schritt 4: Vertiefung durch Selbsttätigkeit / ›Ausatmen‹

L legt einen Gymnastikreif in die Mitte oder bildet auf andere Weise einen Kreis in der Mitte. Nun geht es darum zu sammeln, welche Wesen Gott außer uns noch geschaffen hat. Wer eine Idee hat, springt in den Kreis und darf dieses Wesen darstellen (Baum, Tiger, Hund ...). Für jedes Wesen singen wir gemeinsam wiederholend unser Lied, dann darf das nächste Kind in die Mitte springen.

Reihum-Gebet: Abschließend fassen wir uns an den Händen, so dass wir Gott mit unseren Worten danken können, wobei L beginnt, ein kleines Spontangebet zu sprechen. Beispiel: Gott, ich freue mich so sehr über die Katzen, ich danke dir dafür! L gibt ein Händedruck-Signal weiter an das nächste Kind usw. Wer gerne auch etwas beten möchte, spricht es einfach aus, sobald der Händedruck vorbeikommt.

Kreatives Gestalten und Mutmachkreis*: Die Kinder gestalten ein Danke-Bild und entscheiden selbst, auf welche Weise sie dies tun möchten (ein eigenes Gebet schreiben / ein Bild malen mit Lieblingstieren ... / eine Bildcollage anfertigen / Tiere oder Pflanzen werken und auf eine Fläche kleben usw.). L stellt verschiedenes Material zur Verfügung (ggf. mit dem im Klassenzimmer bereits vorhandenen Arbeitsmaterial, je nach Absprache mit dem/der Klassenlehrer/in).

Schritt 5: Handlungsbewusstsein

Die Kinder begreifen sich als Geschöpfe Gottes und können auf natürliche, spielerische Weise Dankbarkeit in Lied, Geste und Bild zum Ausdruck bringen.

Wir sind kostbar und von Gott geliebt

Erlebnisgestalt:
a) Edelstein oder
b) Schatzkiste

Schritt 1: Definition der zu schulenden Kraft (Kompetenz) und die Wahl der Erlebnisgestalt

Die Kinder gehen mit etwas um, das kostbar ist und das der besonderen Behandlung bedarf. Sie erfahren, dass sie selbst von Gott als kostbar erachtet sind und sie in Gottes Liebe geschützt sind. Zwei Erlebnisgestalten bieten sich an:

a) ein schöner Edelstein oder
b) ein Schmuckkästchen mit einem Spiegel, der am Boden des Kästchens befestigt ist.

Schritt 2: Spielerisches Erleben mit der Erlebnisgestalt (Vorschläge zur Auswahl)

a) Der Edelstein wird von der Lehrerin in Händen gehalten und mit folgenden Worten vorgestellt: »Heute habe ich euch etwas Kostbares mitgebracht. Ich möchte es jedem Kind zeigen. Könnt ihr es sehr vorsichtig halten und weitergeben, denn es darf nicht zu Boden fallen?!« L wartet auf die Bereitschaftserklärung der Kinder und erprobt mit den Kindern die Haltung der Hände, die etwas Kostbares aufnehmen und bewahren können: eine Hand ruht geöffnet in der anderen. Dann reicht sie dem ersten Kind den Stein. Dieser wird reihum gereicht und mit Kommentaren der Kinder begleitet: »Wie schön er aussieht / Ich habe auch so einen ...«

Abschließend erzählt L, dass wir selbst eine Kostbarkeit sind und Gott uns sehr lieb hat und auf uns achten möchte, so wie wir auf diesen Stein achten.

b) Das Schatzkästchen wird als etwas Kostbares vorgestellt (s.o.) und mit folgendem Zusatz ergänzt: »Etwas sehr, sehr Kostbares ist darin. Später werden wir hineinschauen und es erleben. Zuerst aber reichen wir es reihum und versuchen zu erraten, was darin sein könnte!« Nun wird das Kästchen ebenso behutsam reihum gereicht, wobei jedes Kind eine Idee benennt, welche Kostbarkeit sich darin verbirgt.

Zur zweiten Runde, in welcher die Kinder in das geöffnete Kästchen schauen, erzählt L, dass das, was darin ist, auch für Gott etwas sehr Kostbares ist. Nun schauen die Kinder in das Kästchen und entdecken ihr eigenes Spiegelbild (sollen dies aber für sich behalten, bis alle Kinder ihr Spiegelbild entdeckt haben). L erinnert anschließend an Jesus, der die Kinder sehr lieb hat.

Spielideen:

- Die Kinder entwickeln Ideen, wie sie die Kostbarkeit in der Mitte so lagern / platzieren, dass sie gut geschützt ist, und dass jedes sehen kann, dass es sich um etwas Kostbares handelt. Mit Kissen, Stoffen u.a. Objekten gestalten die Kinder einen angemessenen Platz für die jeweilige Kostbarkeit.
- Immer zwei Kinder spielen Schatz und Hüter/in des Schatzes: Für den Schatz wird ein besonderer Platz bereitet, z.B. kann ein Beschützer-Kreis aus unterschiedlichen Materialien um das Schatz-Kind gelegt werden.

Schritt 3: Meditation ›Ich bin von Gott einzigartig erschaffen‹

Die Kinder halten imaginär eine Kostbarkeit in ihren Händen (einen Schatz) und schließen die Augen.
Ideen zur Auswahl:

- L erzählt eine kurze Geschichte über einen Menschen, der einen Schatz hatte, diesen verlor und wiederfand. Die Freude über das Wiedergefundene war groß.
- L benennt in kurzen Sätzen, wie unverwechselbar wir sind, gleichsam kostbare Schätze. Beispiel: »Du bist kostbar für Gott ... Dich gibt es nur ein einziges Mal ... Deine Gedanken ... Deine Hände ... Deine Augen ... Du bist kostbar für Gott.
- Die Kinder stellen sich einen Schatz in ihren Händen vor. L bildet den Transfer mit folgenden Worten ›Du bist der Schatz. Gott hat dich lieb und achtet auf dich ...‹
- Worte aus Psalm 139.

Schritt 4: Vertiefung durch Selbsttätigkeit / ›Ausatmen‹

Jedes Kind gestaltet ein Schatz-Mandala, indem es ein Objekt für die Mitte gestaltet oder von L eines geschenkt bekommt (Beispiel: ein kleiner Edelstein, eine schöne Muschel, ein bunter Glasstein, ein Stein, der golden bemalt ist ...). Diese Kostbarkeit wird in die Mitte eines Papierkreises geklebt. Die Kinder gestalten mit unterschiedlichen Materialien ein Schutz- und Schatzmandala, das im Klassenzimmer oder zu Hause einen Platz findet. Abschließend werden alle Mandalas um eine Kerze gelegt und gewürdigt. Die Kinder finden eine gemeinsame Überschrift für die Bilder, L schreibt diese auf ein schönes Band, das um die Kerze gelegt wird. (Beispiele: Wir sind Gottes Schätze / Gott hat jedes anders erschaffen / Gott mag uns ...)
Ein Segenslied und ein Bewegter Segen* beenden den ›Schätze-Kreis‹ (siehe Lieder Teil 10: Segenslieder).

Schritt 5: Handlungsbewusstsein

Die Kinder erfahren sich selbst als Kostbarkeit und in Bezug zu ihrem Schöpfer als würdig, geachtet und respektiert zu werden. Die Basis kann damit gelegt werden für einen achtsamen Umgang miteinander, indem die Einzigartigkeit eines jeden Menschen bewusst wird. Diese Übung kennzeichnet einen differenzierten Umgang mit den Dingen des Alltags und mit Dingen, welche eine besondere Achtsamkeit erfordern, um gewürdigt und erhalten zu werden.

Die Stille ist innen (Der Spiralweg)

Erlebnisgestalt: Schneckenhaus

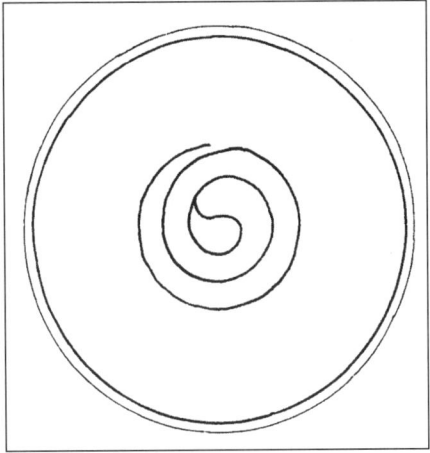

Schritt 1: Definition der zu schulenden Kraft (Kompetenz) und die Wahl der Erlebnisgestalt

Die Kinder kennen den Spiralweg als Weg zur Stille und können in der Mitte in Stille verweilen.

In der Mitte liegt unter einem Tuch versteckt ein großes Schneckenhaus einer Weinbergschnecke (oder mehrere). Die Kinder befühlen unter dem Tuch einzeln oder in Kleingruppen das Schneckenhaus, ohne dabei das Tuch anzuheben. Nachdem sie erraten haben, was es ist, wird die Erlebnisgestalt achtsam im Kreis weitergereicht. Die Kinder bringen ihr Staunen zum Ausdruck und entdecken Details. Dies kann mit Gebeten verbunden werden, indem L beginnt »Gott, welch schöne Dinge hast du dir ausgedacht ...« oder mit anderen Assoziationen der Kinder.

Die Kinder verbinden die Form des Schneckenhauses mit der Grundform der ›Spirale‹ / des Spiralweges von außen nach innen und umgekehrt.

Schritt 2: Spielerisches Erleben mit der Erlebnisgestalt (verschiedene Spielideen zur Auswahl)

- L stellt die Frage »Wer von euch kann die Form der Spirale in die Luft malen?«
  Nachdem eines oder mehrere Kinder diese Form vorgezeichnet haben, wird es zunächst von L auf langsame Weise, dann gemeinsam achtsam und aufmerksam wiederholt. Vor jedem Kind entsteht eine mittelgroße Spirale in der Luft (Richtung rechts/links nicht vorgeben). Für die Aufmerksamkeit ist es wichtig, dabei den malenden Finger nicht aus dem Blick zu verlieren. Wir malen zunächst nach innen, verweilen dort, bis alle angekommen sind (evtl. unterstützt mit einem Klang) und malen dann gemeinsam wieder nach außen.

- Die Kinder fühlen den Spiralweg in ihren Händen: zu zweit malen sich die Kinder nacheinander die Spiralform langsam in die rechte oder linke Hand, vom Daumen her beginnend zur Mitte der Handfläche, in der Mitte kurz verweilend und wieder nach außen. Dabei schließt das Kind, das den Spiralweg fühlen darf, die Augen.

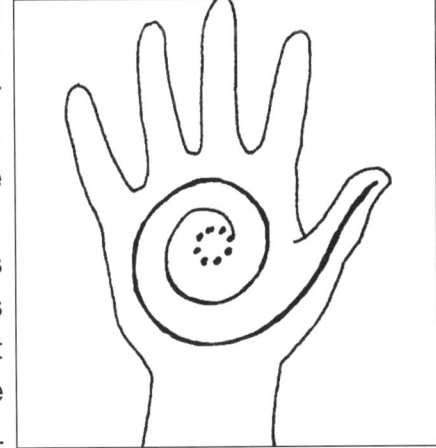

- Die Kinder bauen einen Spiralweg mit den Materialien des Klassenzimmers (Stühle, Ranzen, Kleidungsstücke, mit Vliess oder Pannesamt, der in langen Bahnen günstig im Stoffgeschäft angeboten wird). L beginnt und legt das Schneckenhaus in die Mitte auf ein Tuch. Von dort wird die Spirale begonnen, indem L ein Tuch im Uhrzeigersinn (aus der Mitte heraus) anlegt (siehe Skizze oben). Die Kinder führen die Spiralform mit ihren Materialien so fort, dass ein begehbarer Weg entsteht.

Schritt 3: Innen verweilen können / ›Einatmen‹

Erstbegehung der Spirale. Alle Kinder sitzen um die Spirale. Jedes Kind (oder auch zu zweit) darf nun überlegen, auf welche Weise (ob als Tier, als Indianerin, als Rennwagen ...) es zur Mitte gelangen möchte, ob ganz langsam oder schnell, ganz dem kindlichen Temperament entsprechend. Dann wird gemeinsam verabredet, was in der Mitte der Spirale geschieht, um Stille zu erfahren. Beispiel: Das Kind beugt sich zum Schneckenhaus, berührt es mit der Hand und schließt für eine kurze Zeit die Augen. L. unterstützt diesen Moment des Innehaltens mit einem langsam abklingenden Klang (Klangschale/Klangstab) und einem kurzen Gebet: »Gott, wir danken für die Stille.« Erst danach bewegt sich das Kind wieder aus der Spirale heraus. Dabei öffnet es weit die Arme und beschleunigt die Schritte. Während dieser Begehung singen alle Kinder beide Teile des Liedes (Melodie bitte selbst dazu erfinden):

›Wenn ich will, gehe ich nach innen
denn dort ist es still.
Dann geh' ich wieder raus
aus unsrem Schneckenhaus.‹

Rhythmische Begleitung: Diese Begehung kann je nach Geschwindigkeit und Art rhythmisch begleitet werden durch **Klanggesten** der Kinder oder durch einfache Rhythmusinstrumente (spannend ist zu beobachten, welche Klangqualitäten die Kinder für ›außen‹ und welche sie für ›innen‹ wählen!)

Schritt 4: Vertiefung durch Selbsttätigkeit / ›Ausatmen‹

Die Kinder können einen eigenen Spiralweg malen. Mit Wachskreiden malt jedes Kind auf individuelle Weise einen Spiralweg auf eine DIN A4-Seite ins Heft oder auf eine quadratische, mittelgroße Fläche auf festem Papier. (Ideen: mit verschiedenen Farben malt das Kind nun mehrmals nach innen und wieder nach außen / unterschiedliche Farben für den Weg nach innen und für den Weg nach draußen.)

Schritt 5: Handlungsbewusstheit

Nach dieser Einführung des Spiralweges können die Kinder auf angemessene Weise die in diesen Arbeitshilfen als Rituale angelegten Spiralwege begehen: Passions- und Osterweg (der Weg ins Dunkel der Leiderfahrung, der Weg des Auferstehungslichtes) und Adventsweg (der Weg zum Licht in der Dunkelheit).

K4 Wir sind bei Gott geborgen und geliebt (Schutzkreis)

Erlebnisgestalt: Gymnastikreif (oder anderweitiges Material als Bodenkreis geformt)

Schritt 1: Definition der zu schulenden Kraft (Kompetenz) und die Wahl der Erlebnisgestalt

Die Kinder können das Geborgensein bei Gott auf spielerische Weise erfahren. Erlebnisgestalt: Ein Gymnastikreif, der gleichsam einen besonderen Bereich (›Schutzzone‹) in der Mitte markiert.

(Der Reif kann zunächst mit einem Tuch verdeckt werden. Die Kinder befühlen die runde Eingrenzung, bevor das Tuch abgehoben wird.)

Schritt 2: Spielerisches Erleben mit der Erlebnisgestalt

Die Kinder assoziieren vielerlei Dinge mit dem Reif (Welt, Höhle, Brunnen ...). L nennt, sofern nötig, das Stichwort ›Schutz‹ / ›Schutzraum‹ und befragt die Kinder nach Spielideen. L kann zu einem Fangen-Spiel anregen, wobei der Reif die Funktion eines Schutzraumes hat, in welchem man nicht berührt werden darf. Danach versammeln sich alle Kinder wieder um den Reif.

L spricht an, dass wir auch bei Gott Schutz erfahren können, und spricht mit den Kindern ein ihnen bekanntes Schutzgebet (Beispiel: Halte zu mir, guter Gott). Wie mag sich das anfühlen, geborgen unter Gottes Hand zu sein? Jedes Kind darf sich nun ein Mal in den Schutzkreis setzen und sich von den anderen Kindern Schutz wünschen, wobei es konkret benennt, wie dies aussehen soll. Beispiele:

- Alle Kinder bilden eine ›Schutzmauer‹ um das Kind in der Mitte, indem sie sich gegenseitig die Arme auf die Schultern legen.
- Die Kinder halten ihre Arme und Hände wie ein Dach über das Kind.
- Alle legen behutsam ihre Hände an den Körper des Kindes ...

Während jeder Schutzhandlung singen die Kinder ein kurzes Schutz- oder Segenslied für das jeweilige Kind.

Schritt 3: Theologischer Inhalt / ›Einatmen‹

In einem weiteren Schritt lädt L die Kinder ein, sich einen eigenen, ruhigen Platz im Raum zu suchen, wo die Kinder versuchen, einen Schutzkreis um sich herum mit Materialien aus dem Klassenzimmer/Schulranzen zu bauen (alternativ: Imaginär mit den Händen diesen bilden, gleich einer Glaskuppel). Anschließend dürfen sich die Kinder darin ausruhen, während L eine Phantasiereise mit den Kindern unternehmen kann an einen Ort der Geborgenheit und Sicherheit (siehe P 3: Schutzkreis / Schutzfarben). Begleitend kann eine ruhige Musik eingesetzt werden. L spricht in dieses Gefühl von Geborgenheit hinein einen Segen für die Kinder oder singt ein Segenslied. (Beispiel: ›Von allen Seiten umgibst du mich‹ [LB 10.9] / ›Gottes Hand hält uns fest, wie ein Vogel im Nest‹ [LB 10.1] / ›Das wünsch' ich sehr‹ [LB 7.8] / ›Von guten Mächten‹ [LB 13.4])..

Langsam wird die Reise beendet; die Kinder ›landen‹ wieder in ihrerm Schutzkreis im Klassenzimmer, recken und dehnen sich und versammeln sich zum Gespräch um den Reif. Wesentlich dabei ist, dass die Kinder phantasieren, wie der Schutz Gottes um sie herum aussehen könnte.

Interaktive Version für geübte Kinder: Anstelle alleine an einen Ort zu gehen, bilden die Kinder Zweiergruppen, wobei jeweils ein Kind das beschützte Kind und das zweite Kind das beschützende Kind spielt (Spiel: Tiermutter und Tierkind). Dann allerdings sollte die Phantasiereise kürzer ausfallen. Gebet und Lied können jeweils von den Geborgenheit schenkenden Kindern mitgesungen bzw. -gesprochen werden. Auf diese Weise wird die Geborgenheit durch menschliche Nähe und die Geste des Schutzes verstärkt und für das Kind konkret spürbar (Interaktives Lernen).

Schritt 4: Vertiefung durch Selbsttätigkeit / ›Ausatmen‹

Stilles Schaffen / Freie Heftgestaltung / Mutmachkreis: Jedes Kind stellt auf eigene Weise bildlich oder plastisch dar, wie es von Gott geschützt ist. Als Hilfestellung kann ein Kreis dienen, den L helfend in das Heft der Kinder zeichnet (wenn sie dies wünschen). Das Kind kann sich selbst in die Mitte malen und ringsum den Kreis mit Farben der Geborgenheit und des Schutzes gestalten.

Schritt 5: Handlungsbewusstsein

Das Kind kann durch diese Kräfteschulung die Begriffe ›Gott schützt uns / Wir sind bei ihm geborgen‹ mit dem Fühlen und Erleben von Geborgensein verbinden und erinnern. Geborgenheit durch die Präsenz und den Schutzraum, den L ermöglicht, bildet das Brückenglied zu eigenem spirituellen Erleben.

Erlebnisgestalt: Vogelnest

Schritt 1: Definition der zu schulenden Kraft (Kompetenz) und die Wahl der Erlebnisgestalt
Die Kinder können spielerisch sowohl Geborgenheit erfahren als auch einander Geborgenheit schenken und wissen sich bei Gott geborgen.
Ein Vogelnest wird mit einem Tuch verdeckt und behutsam in die Mitte gestellt.

Schritt 2: Spielerisches Erleben mit der Erlebnisgestalt
»Heute habe ich euch etwas sehr Zerbrechliches mitgebracht. Jedes von euch darf es ertasten und erraten. Wenn ihr wisst, was es ist, behaltet es für euch, so lange, bis jedes Kind ertastet hat, was sich unter dem Tuch verbirgt!« Jedes Kind darf zur Mitte (einzeln oder in Kleingruppen), wobei L die Namen der jeweiligen Kinder flüstert und damit die Atmosphäre für einen achtsamen Umgang mit der Erlebnisgestalt schafft. Anschließend benennen die Kinder die Erlebnisgestalt. Ein Kind darf behutsam das Nest hervorholen, es betrachten und einen Gedanken dazu äußern (als Gebet oder als Kommentar. Beispiel: Gott, die Vögel können schöne Nester bauen ...). Auf diese Weise wird das Nest im Kreis gereicht.

Spielidee:
- Die Kinder bilden mit ihren Händen ein Nest und reichen imaginär einen kleinen Vogel behutsam reihum. Abschließend wird er in das Nest in der Mitte gesetzt.
- Die Kinder bauen kleine Nester aus unterschiedlichen Materialien.
- Die Kinder bilden Zweiergruppen und spielen Vogelkind und Vogelmutter/-vater und bauen füreinander im Wechsel ein Nest (aus Decken, Jacken ...).
- Die Kinder bauen aus Materialien des Klassenzimmers (Ranzen, Stühle ...) ein Nest für alle Kinder, wobei L spielerisch die Rolle der Vogeleltern übernimmt.

Schritt 3: Theologischer Inhalt / ›Einatmen‹
Spiel: Alle Vogelkinder versammeln sich im Nest (in Kleingruppen oder in der Gesamtgruppe) und legen sich zum Schlafen. Wenn alle die Augen geschlossen haben, unternimmt L mit den Kindern eine Phantasiereise, die den Tag des kleinen Vogels erinnert: Sonnenaufgang, die Vogeleltern, erste Flugversuche, Erkundung des Baumes, Rückkehr ins Nest, Ausruhen. Wenn alle Kinder bequem und sicher liegen, kann L in die Stille hinein den Kindern ein Lied vorsingen, welches das Geborgensein bei Gott inhaltlich aufnimmt. (Beispiele: Gottes Hand hält uns fest wie ein Vogel im Nest / Von guten Mächten wunderbar geborgen). Auch ein Schutzsegen, wiederholend für jede Gruppe gesprochen, eignet sich dafür (siehe R 1: Segen auf deinem Wege).

Schritt 4: Vertiefung durch Selbsttätigkeit / ›Ausatmen‹
UG: Die Kinder erzählen, wie ihnen die Übung gefallen hat, ob sie sich geborgen gefühlt haben. Dabei ist der Begriff ›Geborgenheit‹ wichtig. Wann fühlen sich die Kinder geborgen? **Stilles Schaffen***: Die Kinder gestalten zu diesem Wort, L kann dies auch an die Tafel schreiben. (Konkrete Ideen: Die Kinder malen sich selbst in die Mitte eines Nestes, als Mensch oder als Tier. Abstrakte Idee: Die Kinder gestalten Farben und Formen der Geborgenheit.) **Freies Texten***: Zum Bild können die Kinder kleine Texte schreiben mit den beiden Stichworten ›GEBORGEN‹ und ›GOTT‹. Alle Bilder werden im **Mutmachkreis*** gewürdigt.

Schritt 5: Handlungsbewusstsein
Nach Interaktionsspielen wie diesem, in welchen die Kinder sorgend füreinander tätig werden, entwickelt sich das soziale Bewusstsein innerhalb der Gruppe.
Der Begriff ›Geborgenheit‹ wird auf diese Weise konkret erfahrbar und an die Emotion ›Geborgensein‹ gekoppelt. Diese Geborgenheit kann vom Kind zum einen selbst gegeben und zum anderen vom Kind durch ein anderes Kind angenommen werden. Dieses Erleben kristallisiert sich im Kontext des RU zum religiösen Erfahrungswissen und ermöglicht den Transfer zu Gott: Bei Gott sind wir geborgen.

Aus Kleinem wächst ganz Großes!

Erlebnisgestalt: Apfelkern

Schritt 1: Definition der zu schulenden Kraft (Kompetenz) und die Wahl der Erlebnisgestalt

Die Kinder gewinnen Zuversicht aus der Tatsache, dass sie trotz ihrer körperlichen ›Kleinheit‹ zukünftige Größe beherbergen.

L zeigt den Kindern zunächst ein Maßband und regt sie an zu erzählen, wie groß sie sind und wie klein sie einmal waren. Die Kinder spielen dieses Wachsen nach, indem alle sich klitzeklein machen und sich ganz langsam (das ist gar nicht so einfach!) bis in den Stand und zum Himmel strecken.

Anschließend ruft L alle Kinder in den Kreis. »Heute habe ich euch etwas ganz Kleines mitgebracht – aber etwas, das wie ein kleines Wunder ist! Öffnet eure Hände und schließt die Augen. Wenn alle Kinder etwas bekommen haben, dürft ihr die Augen öffnen und sehen, was es ist.« L legt in jede Kinderhand ein Apfelkernchen.

Schritt 2: Spielerisches Erleben mit der Erlebnisgestalt

Sobald jedes Kind einen Apfelkern bekommen hat, öffnen alle die Augen, befühlen und betasten die Erlebnisgestalt, nennen Assoziationen auch zum Stichwort ›Wunder‹: Es ist so winzig und kann doch sehr groß werden.

- Spielidee 1: Die Kinder legen die Apfelkerne behutsam in der Mitte in einer Schale ab, suchen sich einen Platz im Raum, wo sie sich zusammenkauern, gleich einem winzigen Kernchen, das in der Erde schläft. L erzählt eine Phantasie-Reise vom Wachsen des Kernchens bis zum Großen Baum. **P 1** ›Im Apfel wohnen Welt und Zeit‹ (Kurzversion). Dazu bewegen sich die Kinder und spielen das Wachstum des Apfelkernchens.
- Spielidee 2: Zu zweit unternehmen die Kinder eine Rücken-Reise, die vom Wachsen des Apfelkernes erzählt (**B 7**: Rücken – Entzücken ›Die Blume / der Baum‹).

Schritt 3: Erzählung / ›Einatmen‹

Die Kinder treffen sich erneut im Kreis und hören die Geschichte aus dem Bilderbuch ›Das Riesenfest‹ von Max Bolliger und Monika Laimgruber. Die Geschichte handelt von einem ›kleinen Riesen‹, einem Kind, welches die ›großen Riesen‹ durch sein Wissen über das Wachsen der Dinge (Apfelkern!) zum Staunen bringt. Eine Mutmach-Geschichte für die ›Kleinen‹.

Schritt 4: Vertiefung durch Selbsttätigkeit / ›Ausatmen‹

UG: Sowohl das Kind als auch der Apfelkern bergen Wachstum und ungeahnte Größe. Die Kinder bekommen ihren Apfelkern geschenkt und entwickeln eigene kreative Ideen.

Möglichkeiten: Apfelkern einpflanzen, Apfelkern ins Heft kleben oder abzeichnen und einen großen Baum dazu ergänzen u.a.

Mutmachkreis; Liedvorschlag: ›Bumm, bidi bumm, bumm, bumm, wir Kleinen sind nicht dumm!‹ (**LB 7.6**) / ›Gib uns Augen ...‹ (**LB 9.5**) / ›Du bist immer da‹ (**Lied 7**) / ›Vom Anfang bis zum Ende‹ (**Lied 8**) / ›Segne uns mit der Weite des Himmels‹ (**Lied 16**).

Schritt 5: Handlungsbewusstsein

UG: Auch wir Kinder können unser Wissen mitteilen. Wir wachsen wie ein Baum.

(Nach einer Idee von Anne Klaaßen, Das Riesenfest – Arbeiten mit einem Bilderbuch, Schönberger Hefte, Religion von Anfang an)

Phantasiereisen

Im Apfel wohnen Welt und Zeit

Anmerkung: Diese Phantasiereise ist eingebettet in die Kräfteschulung ›Staunen und Danken‹ (siehe Didaktisch-Methodischer Artikel zur Kräfteschulung in diesem Band) und lehnt sich an eine Phantasiereise an aus dem Buch von Gerda und Rüdiger Maschwitz, ›Phantasiereisen zum Sinn des Lebens‹, S. 92 und 93.

Vorbereitende Hinführung:

Jedes Kind bekommt einen Apfel geschenkt und sucht sich einen eigenen Platz im Raum.

Die Kinder legen sich bequem auf den Boden, decken sich ggf. mit ihren Jacken zu oder sitzen an den Tischen, Kopf auf die Arme oder auf die Jacke ablegen. Alle sitzen oder liegen bequem und können Anspannungen lockern. L gibt acht darauf, dass jedes Kind für sich wie in einem eigenen Raum ist und nicht durch Blick- oder Körperkontakt von einem anderen Kind abgelenkt werden kann. L weist mit ruhiger Stimme darauf hin, dass sie / er selbst Wächter/in der Reise ist: »Ihr könnt die Augen schließen, ich bin da, ich achte darauf, dass keines von euch gestört wird. Atmet ganz ruhig ein und aus ...«

Die Reise:

In jedem Apfel wohnt ein Geheimnis. Dieses Geheimnis können wir mit unseren ›Phantasieaugen‹ erkennen – lasst uns auf die Suche gehen. Dafür reisen wir ins Land der Jahreszeiten: Frühling, Sommer, Herbst und Winter. Im Land der Jahreszeiten stehen viele, viele Obstbäume: Birnenbäume, Zwetschgenbäume, Mirabellenbäume und – Apfelbäume. Such dir einen Apfelbaum aus. Es ist Winter und dein Baum hat keine Blätter, aber dafür kannst du jedes Zweiglein genau sehen. Schon da beginnt das Geheimnis ... aber wo ist es denn? Warte, es ist noch versteckt unter dem Schnee, der auf den Zweigen schläft. Doch bald kommt der Frühling: Die warmen Sonnenstrahlen schmelzen den Schnee, seine Wurzeln fühlen das Wasser. Der Baum erwacht und beginnt zu wachsen. An den Zweigen wachsen feine grüne Spitzen ... sie werden größer und öffnen sich zur Sonne: Duftende Blütchen öffnen sich, rosa-weiss – die ersten Bienen summen herbei. Eine Blüte wird eben von einer Biene besucht. Jetzt kannst du das Geheimnis sehen: Hier beginnt dein Apfel! Er war zuerst eine kleine Blüte. Die Sonne wird nun wärmer und warme Sommerlüfte umstreichen deinen Baum, Vögel haben ihre Nester in seine Zweige gebaut und füttern ihre Jungen. Bei deiner Apfelblüte hat sich etwas verändert – geh dicht heran, damit du es sehen kannst: Eine kleine, grüne Kugel hat sich unter der Blüte gebildet, die Blütenblättchen hat der Wind davongeweht. Die kleine Kugel, das ist dein Apfel. Er wächst mit jedem Tag ein kleines Stück, er nimmt Wasser von den Baumwurzeln auf, er nimmt das Sonnenlicht eines jeden Tages auf, er schaukelt im Wind, und Regentropfen rinnen über seine Bäckchen. Vögel, Bienen und viele andere Tiere summen, zwitschern und besuchen ihn. Immer größer wird der Apfel – so groß, dass er in deine Hand passt. Nun ist es Herbst. Die letzten heißen Sonnenstrahlen schenken dem Apfel rote (gelbe) Bäckchen. Auch die Blätter verändern ihre Farben. Zusammen mit deinem Apfel sind viele Äpfel am Baum gewachsen. Nun sind sie reif. Schau dir deinen Apfel noch einmal gut an. Die Menschen sagen »Es ist Erntezeit, alles ist reif.« Und sie gehen in die Obstgärten und ernten alle Früchte. Du darfst selbst zum Baum gehen und deinen Apfel vom Ast pflücken ... nun liegt er in deiner Hand. Ein Geheimnis aus Welt und Zeit. Zum Ende unserer Reise möchte ich mit euch beten (L spricht das Gebet wiederholt so, dass die Kinder gedanklich oder leise memorieren können).

**Gott, du hast die Welt gemacht,
hast alles so fein ausgedacht.
Wir schenken unsre Dankbarkeit
für alles Werden in Welt und Zeit.**

Rückführung:

Nun öffne deine Augen und betrachte deinen Apfel. Befühle ihn, rieche daran. Entdeckst du Besonderheiten? Siehst du, wo die Blüte einst war? Siehst du, an welcher Stelle er am Baum wuchs? Wie kam die Kraft des Baumes in deinen Apfel?

Nun stellt euch langsam auf die Füße, stampft ein paarmal, streckt den Apfel in euren Händen hoch in den Himmel und kommt zum Kreis (oder setzt euch aufrecht).

Austausch:

Die Kinder erzählen von ihren inneren Bildern, von der Besonderheit ihres Apfels.

Gemeinsam benennen wir die Geheimnisse, die im Apfel wohnen, aber nicht mit den Augen sichtbar sind: Blüte, Jahreszeiten, Regen, Sonne, Erde ...

Im Anschluss sollten die Kinder kreativ tätig werden können, ein Bild oder ein eigenes Apfel-Dankgebet gestalten.

Mein liebster Ort

Vorbereitende Hinführung:

Die Kinder legen sich bequem auf den Boden, decken sich ggf. mit ihren Jacken zu oder sitzen an den Tischen, Kopf auf die Arme oder auf die Jacke ablegen. Alle sitzen oder liegen bequem und können Anspannungen lockern. L gibt acht darauf, dass jedes Kind für sich wie in einem eigenen Raum ist und nicht durch Blick- oder Körperkontakt von einem anderen Kind abgelenkt werden kann. L weist mit ruhiger Stimme darauf hin, dass sie / er Wächter/in der Reise ist: »Ihr könnt die Augen schließen, ich bin da, ich achte darauf, dass keines von euch gestört wird. Atmet ganz ruhig ein und aus ...«. Ein Klangmoment (Klangschale oder Klangstab) ist das Signal für die Phantasiereise.

Die Reise:

Du siehst vor dir ein Tor. Du durchschreitest das Tor und bist im Land deiner Phantasie.
Du hörst Vögel zwitschern ... Bienen summen ... Die Sonne scheint warm auf deine Haut. Du bist in einem wunderschönen Garten angekommen ... so viele bunte Blumen ... Schmetterlinge, die vor deiner Nase tanzen und weiterfliegen ...
Du folgst einem von ihnen ... nun spürst du weiches Gras unter deinen Füßen ... du bist auf einer Wiese ... langsam gehst du in das schöne, weiche Grün ...
Auf einmal hörst du leise Musik ... die Melodie einer Flöte ...
Sie ruft dich ... du folgst ihrem Klang, Schritt für Schritt.
Du fühlst dich ganz gut in deiner Phantasiewelt und du weißt: sie hält einen Platz für dich bereit.
Die Musik der Flöte zeigt dir den Weg.
Du kommst an einen großen Baum mit weiten Ästen ...
Die grünen, schönen Blätter hängen fast bis zur Wiese hinab.
Du öffnest mit deinen Händen diesen Blättervorhang ... und da entdeckst du es:
Ein Nest aus weichem Moos auf der Erde, am Stamm des großen Baumes.
Ein richtiges Nest für dich alleine!
Die großen Wurzeln des starken Baumes umfangen und schützen dein Nest ...
Es ist dein Baumplätzchen ... niemand kennt es, nur du.
Niemand weiß davon, nur du und der große Baum.
Wann immer du möchtest, darfst du hierher kommen und dich ausruhen.
Leg dich in das weiche Moos ...
Lass deinen Körper ganz schwer sein ...
Fühlst du, wie deine Arme langsam warm werden?
Auch deine Beine werden warm und dein Bauch ...
Ganz ruhig geht dein Atem ...
Du bist beschützt vom großen Baum.

(Ruhephase)

**Gebet: Von guten Mächten wunderbar geborgen, erwarten wir getrost, was kommen mag.
Gott ist mit uns am Abend und am Morgen und ganz gewiß an jedem neuen Tag.**

Rückführung:

Nun wird es Zeit, zurückzukehren. Verabschiede dich von deinem Nest ... und vom Baum..
Steh langsam auf ... und öffne den Vorhang aus Blättern. Du siehst die Wiese vor dir ... du fühlst das weiche Gras unter deinen Füßen ... du gelangst zum Garten mit den Blumen und den Schmetterlingen ... verabschiede dich auch von ihnen und sag', dass du bald wiederkommst.
Nun schreite durch das Tor und kehre zurück ins Klassenzimmer.

(Ein Klang signalisiert das Ende der Reise)

Öffnet eure Augen, streckt und dehnt euch wie eine Katze ...

Austausch:

Die Kinder erzählen von ihren inneren Bildern, von der Besonderheit ihres Platzes. Sie sammeln Ideen für weitere Lieblingsplätze. Im Anschluss sollten die Kinder kreativ tätig werden können.

Schutzkreis / Schutzfarben

Die Kinder legen dabei ihren Kopf in ihre Arme und schließen die Augen oder suchen sich im Raum einen ruhigen, geschützten Ort, den sie sich selbst als Schutzraum gestalten. Leise, meditative oder klassische Musik kann unterstützend wirken. Diese wird allerdings erst dann eingesetzt, wenn alle Kinder zur Ruhe gekommen sind.

Einleitende Worte zur Vertrauensbildung

Du darfst jetzt die Augen schließen. Ich lasse meine Augen offen, denn ich bin dein/e Beschützer/in. Ich achte darauf, dass dich niemand stört.

Wenn alle Kinder die Augen geschlossen haben, werdet ihr eine schöne, ruhige Musik hören.

Die Reise

Du darfst zu träumen beginnen: Träum dich an einen Ort, wo du ganz geborgen bist. Dort kommt niemand hin, nur du. Es ist dein geheimer Schutzort. Der kann in einem Garten sein, bei einem Baum, in einer Höhle, auf einem Berg ...

Dort findest du ein großes Nest. Es ist für dich gemacht: Ganz rund und groß gebaut, so dass du genau hineinpasst. Leg dich hinein, es ist ganz weich innen. Und außen ist es aus starken Ästen fest gebaut. Ganz kuschelig warm wird dir darin. Du fühlst dich wohl. Du weißt: Hier bin ich geborgen, hier ist mein Zuhause.

Farben

Nun wollen wir Farben träumen. Farben, die dich schützen. Schutzfarben also. Welche Farbe soll jetzt unter dir sein, dort, wo es so weich und kuschelig ist? Ruf die Farbe und sprich zu ihr: »Beschütze mich und lass mich sicher ruhen!« ...

Welche Farbe soll um dich herum und über dir sein? Ruf eine Farbe und sprich zu ihr: »Beschütze mich überall ringsum!« ...

Du bist beschützt von den Farben aus Licht ... Gott beschützt dich, du darfst dich geborgen fühlen.

Segen

Gott möge dich beschützen von allen Seiten.
Gott möge dich tragen wie die gute Erde uns trägt.
Gott möge mit seinen Engeln um dich sein
und dich begleiten.
Gott möge mit seinem Licht über dir sein
und dich segnen.
Gott möge mit seiner Liebe
in deinem Herzen wohnen.

Segenslied

(L singt dies für die Kinder) ›Gottes Segen wird stets bei uns sein‹ (**LB 10.7**) / ›Dass die Liebe Gottes mit uns ist‹ (**Lied 3**) / ›Friede wünsch ich dir‹ (**Lied 4**).

Abschied

Nun ist es Zeit, dich von deinem Schutzort zu verabschieden. Sag' in Gedanken, dass du gerne wieder hierher zurückkommst ... Nimm aber deine Schutzfarben mit. Vielleicht können sie dich sogar begleiten und weiter um dich leuchten.

Komm langsam zurück an deinen Platz im Klassenzimmer. Du kannst dich strecken und dehnen und ganz langsam die Augen dabei öffnen.

›Aufwachen‹

Alle Kinder strecken und dehnen sich. Wir kommen im Kreis zusammen. Die Kinder erzählen von ihren Erlebnissen. Abschließend stehen wir so im Kreis, dass jedes Kind rechts und links etwas Platz hat.

Nun stellt euch noch einmal eure Schutzfarben vor. Schließt die Augen und ruft eure Farben noch einmal um euch herum ... (eine Weile Zeit für diese Imagination lassen ...). Eine Bildgestaltung (Freies Malen) bietet sich vertiefend an.

Meeresreise

Die Kinder legen ihren Kopf auf ihre Arme und schließen die Augen oder suchen sich im Raum einen ruhigen, geschützten Ort, den sie sich selbst als Schutzraum gestalten. Leise, meditative oder klassische Musik kann unterstützend wirken. Diese wird allerdings erst dann eingesetzt, wenn alle Kinder zur Ruhe gekommen sind. Für die Meeresreise eignet sich Musik mit Wal-, Wasser- oder Wellenklängen.

Einleitende Worte zur Vertrauensbildung
Du darfst jetzt die Augen schließen. Ich lasse meine Augen offen, denn ich bin deine Beschützerin. Ich achte darauf, dass dich niemand stört.
Wenn alle Kinder die Augen geschlossen haben, werdet ihr eine schöne, ruhige Musik hören.

Die Reise
Du darfst zu träumen beginnen: Träum dich an einen Ort, wo du das Meer sehen kannst. Vielleicht warst du noch nie am Meer, dann ist dies heute deine erste Meeresreise. Das Meer ist wunderschön blau-grün und glitzert in der Sonne. Es ruft dich leise: ›Komm, komm zu mir, hab keine Angst, es kann dir nichts passieren. Ich lade dich ein, denn hier ist jemand, der schon auf dich wartet!‹

(Klangsignal für das Verwandlungsmoment: Klangstab oder -schale)
Nun darfst du dich in ein Meerwesen verwandeln, ein Kind, das schwimmen, tauchen und sogar im Wasser atmen kann!
Du lebst im warmen, blauen Wasser. Die Sonne scheint bis hinunter auf den hellen Sand. Bunt schillernde Fische schwimmen mit dir mit ... Du kannst tauchen und schwimmen und etwas, was Du sonst nie kannst: im Wasser atmen wie ein Fisch. Du kannst überall hin schwimmen; das ist sehr schön und macht Spaß ...
Unter dir siehst du einen Korallenwald, bunte Äste und Pflanzen, die sich hin und her im Wasser bewegen, sanft ... hin und her ... Mitten drin entdeckst du ein weiches Plätzchen und legst dich hinein in weiche Wasserpflanzen, sanft bewegen sie dich mit den Wellen.
Du fühlst Freude, Vorfreude, denn gleich wird dich jemand besuchen!
... Da kommt er angeschwommen: Ein Delphin, er ist dein Freund. Ganz vorsichtig berührt er dich mit seiner Nase. Er stupst dich an und lädt dich ein: ›Spiel mit mir‹, sagt er, und du kannst plötzlich die Sprache der Tiere verstehen. Du darfst dich an seiner Rückenflosse festhalten!

Und jetzt geht's los ... gemeinsam schwimmt ihr in das weite Blaugrün des Meeres – dort möchte dein Freund, der Delphin, mit dir spielen ... das macht Spaß ... er schwimmt über dir und schwimmt unter dir hindurch, er schubst dich durchs Wasser, und ihr spielt Fangen.
Nun darfst du dich wieder an seiner Rückenflosse festhalten, denn jetzt schwimmt ihr zusammen zurück zu deinem Plätzchen beim Korallenwald. Ihr seid müde und gemeinsam legt ihr euch auf das weiche Plätzchen. Du kannst ausruhen, dein Freund beschützt dich.

Segen
Wo ich gehe, wo ich stehe,
bist du, guter Gott, bei mir.
Wenn ich dich auch niemals sehe,
weiß ich dennoch: Du bist hier.

Farben-Imagination
Nun wollen wir Farben träumen. Farben, die dich schützen: Schutzfarben also. Welche Farbe soll jetzt unter dir sein wie eine feine Schutzhülle?
Welche Farbe soll um dich herum sein und über dir? Ruf eine Farbe und sprich zu ihr: »Beschütze mich überall ringsum!« ...
Du bist beschützt von den Farben aus Licht ... Gott beschützt dich, du darfst dich geborgen fühlen.

Segenslied
›Das wünsch' ich sehr‹ (**LB 7.8**) / ›Dass die Liebe Gottes mit uns ist‹ (**Lied 3**) / ›Friede wünsch ich dir‹ (**Lied 4**).

Abschied
Nun ist es Zeit, dich von deinem Freund zu verabschieden. Sag' in Gedanken, dass du gerne wieder hierher zurückkommst. Nimm aber deine Schutzfarben mit. Vielleicht können sie dich sogar begleiten und weiter um dich leuchten. Nun verwandelst du dich wieder in ein Kind, das auf der Erde zu Hause ist und die Luft atmet und auf beiden Beinen stehen und gehen kann.

(Klangsignal für die Rückverwandlung: Klangschale oder -stab)
Komm langsam zurück an deinen Platz im Klassenzimmer. Du kannst dich strecken und dehnen und ganz langsam die Augen dabei öffnen.

›Aufwachen‹
Alle Kinder strecken und dehnen sich. Wir kommen im Kreis zusammen, die Kinder erzählen von ihren Erlebnissen. Abschließend stehen wir so im Kreis, dass jedes Kind rechts und links etwas Platz hat.

›Ausatmen‹ (Ausgebendes Tun)
Nach dieser Reise sind viele Bilder und Eindrücke im Kind geweckt, so dass die Kinder an dieser Stelle expressiv (kreativ) selbsttätig sein sollten (siehe ›Stilles Schaffen*‹). **M 18**: Delphin. Aufgabe: Das Kind malt sich in das Bild.

Rituale

Segen auf deinem Wege

Anmerkung: Kinder machen sich die Segensrituale gerne zu eigen, indem sie eigene Bewegungen dazu entwickeln und diese tradieren.

Ein Beispiel:

Gott segne uns mit der Weite des Himmels,	*(Die Kinder öffnen weit ihre Arme.)*
Gott segne uns mit der Wärme der Sonne,	*(Beide Hände legen sich auf das Herz.)*
Gott segne uns mit der Kraft der Tiere,	*(Die Kinder stehen im stabilen Stand und zeigen ›Muskelarme‹.)*
Gott segne uns mit den Geschichten der Alten.	*(Hände halten imaginär ein offenes Buch und drehen sich 1x um sich selbst nach links.)*

Ein interaktives Beispiel	*(zu zweit / im Wechsel)*
Über dir / uns sei Vater Himmel.	*(Die Hände segnend über das Partnerkind halten.)*
Unter dir / uns sei Mutter Erde.	*(Die Füße der Kinder werden berührt.)*
Um dich / uns sei der Engel Kreis.	*(1x um das Partnerkind schreiten.)*
In dir / uns sei die Liebe von Jesus Christus.	*(Die Hände werden auf das Herz des Partnerkindes gelegt.)*

Gott, wir danken dir für diesen Tag,
für alles, was da kommen mag.
Gehe mit uns ein und aus,
beschütze unser Körperhaus.

Die Liebe Gottes möge dich (mich) begleiten,
in schönen wie in schweren Zeiten.
Im Herzen wohnt ein heller Schein,
Gott mag immer bei dir (mir) sein.

Von guten Mächten wunderbar geborgen,
erwarten wir getrost, was kommen mag.
Gott ist mit uns am Abend und am Morgen
Und ganz gewiss an jedem neuen Tag.

(Dietrich Bonhoeffer)

Halte zu mir, guter Gott,
heut den ganzen (und jeden) Tag.
Halt' die Hände über mich,
was auch kommen mag.
　　　(Rolf Krenzer)

Wo ich gehe, wo ich stehe,
bist du, guter Gott, bei mir.
Wenn ich dich auch niemals sehe,
weiß ich dennoch: du bist hier.

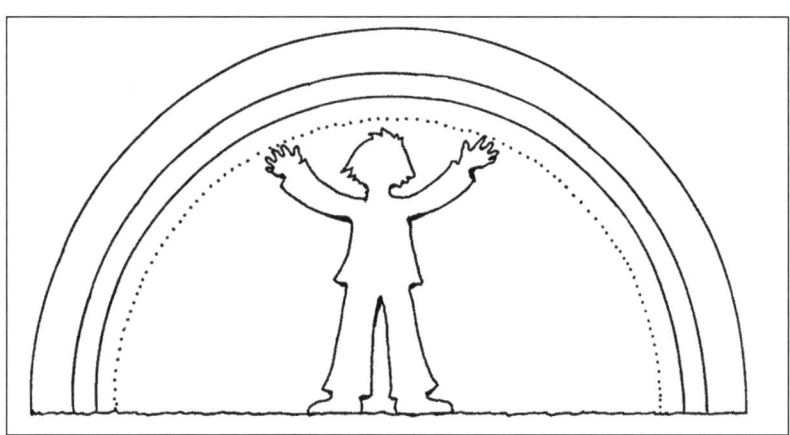

Willkommen-Ritual
Mein Name, mein Rhythmus

Das folgende Willkommen-Ritual ist ein Namen-Kennenlern-Spiel für die ersten Stunden zum gegenseitigen Wahrnehmen und zum Memorieren der neuen Namen. Ziel der Aufmerksamkeit ist es, Rhythmus und Körpergeste des jeweiligen Kindes genau wahrzunehmen und exakt wiederzugeben. Auf diese

Weise werden sowohl die individuelle Ausdrucksfähigkeit als auch die Wahrnehmungsfähigkeit und Körperkoordination geschult. Auch stellt diese Übung den ersten Schritt in Richtung Präsentationsfähigkeit dar.

Erster Schritt: Rhythmisches Klatschen. Die Kinder erzählen, wen sie schon kennen, und stellen sich gegenseitig mit ihren Namen vor. Anschließend wird jedes Kind einzeln begrüßt, indem die Namen mit Klatschen rhythmisch begleitet werden. Alle Kinder klatschen und begrüßen jedes Kind gemeinsam: »Willkommen ...«

Beispiel: WILL – KOM – MEN – JU – LI – A!
Klatschen o.a. Klanggesten: **X – X- X – X – X – X**

Dabei können einzelne Silben stärker oder leiser nuanciert werden. (Ideen der Kinder aufnehmen). Nach jedem ›Willkommen‹ kann ein kleines Willkommen-Lied für das Kind gesungen werden (Beispiel: ›Ich bin da‹ [**LB 1.3**] / siehe **Lied 1 und 2**).

Zweiter Schritt: Klanggesten und Bewegung. L entwickelt zunächst mit den Kindern auf spielerische Weise ein eigenes Vokabular von **Klanggesten** und Bewegungsimpulsen. Danach kombiniert jedes Kind für seinen Namen Klanggesten und Bewegungen, die von allen gemeinsam genau wiederholt werden können. (Je einfacher, desto besser wiederholbar!) Beispiel: Konstantin darf vormachen, welche Klanggesten und Bewegungen die Kinder zu seinem Namen nachahmen sollen.

»**Kon**« (er stampft 1x auf) »**stan**« (er klatscht 1x) »**tin**« (er dreht sich 1x um sich selbst)

Während beider Schritte kann L nuancierende Wiederholungen in den Variationen laut – leise oder langsam – schnell einbauen, um eine differenzierte Ausdrucksfähigkeit einzuüben.

(Die Fortsetzung dieser rhythmischen Arbeit findet sich unter den Ideen **B 3a:** ›Wake Up – Warm Up (1): Ideen zum Aufwachen!‹ Ideen zum Umgang mit Klanggesten, Raumklängen und Bewegungsimpulsen finden Sie in **B 4:** Mit Klanggesten und Raumklängen arbeiten).

Ritual zum Beginn der Stunde

Stiller Impuls: L steht an der Stelle des Klassenzimmers, an welcher ein Hände-Kreis gebildet werden soll, und streckt einem Kind leise die Hand entgegen. Das Kind streckt wiederum einem weiteren Kind seine Hand entgegen usw., bis alle im Kreis versammelt sind.

Mit verändertem Text: ›Wir reichen uns die Hände und bilden einen Kreis. Das Laute hat ein Ende, wir werden jetzt ganz leis‹ (**Lied 10**). In einem zweiten Durchgang wird das Lied lediglich gesummt.

Stiller Händedruck: Ein Händedruck wird von einem von L bestimmten Kind nach links oder rechts abgegeben und leise im Kreis von Kind zu Kind weitergegeben. Das Kind sagt zu Anfang »abgeschickt« bzw. »angekommen«, wenn der Händedruck es wieder erreicht. Danach sagen alle »Guten Morgen« oder singen ein Begrüßungslied (siehe LB Teil 1: Begrüßungs- und Morgenlieder, sowie in diesem Band **Lied 1, 2, 14 und 15**).

L: »Nachdem wir uns so gegenseitig begrüßt haben, wollen wir nun auch Gott in unserer Mitte begrüßen.«

Kerzenritual: Eine Kerze (Jesus-Kerze) wird in die Mitte gestellt und angezündet. Dazu werden folgende Worte gesprochen und gemeinsame Gesten entwickelt:

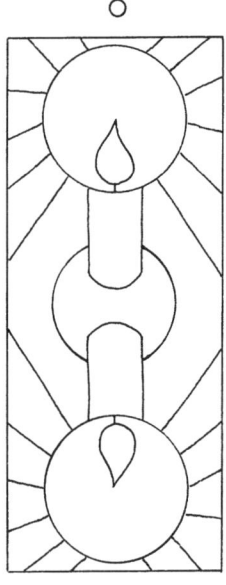

> **»Licht macht es hell um uns.**
> Die Kinder öffnen ihre Hände und holen Licht, das sie über ihrem Kopf verteilen.

> **Licht macht es warm in uns.**
> Die Kinder holen Licht und führen beide Hände zum Herzen.

> **Jesus hat einmal gesagt: ›Ich bin das Licht der Welt‹.**
> Die Kinder öffnen segnend die Hände zur Kreismitte.

> **Wir wollen dieses Licht in der Religionsstunde bei uns spüren.**
> **Deshalb zünden wir diese Kerze an und werden dabei ganz still.«***

Bewegtes Gebet: »Wir formen unsere Hände zu einer Schale. Wir lassen ganz viel Licht und Wärme in unsere Schale fließen. Wenn die Schale voll ist, führen wir sie zu unserem Herzen und beten:

> ›Wo ich gehe, wo ich stehe,
> bist du, lieber Gott, bei mir.
> Wenn ich dich auch gar nicht sehe,
> weiß ich dennoch, du bist hier. Amen‹«

Jetzt können die Kinder je nach Unterrichtssituation ihren Stuhl in den Kreis holen oder an ihren Platz gehen.

* Aus: Bergedorfer Grundschulpraxis, Religion, 1. Klasse (M 1.1 / Ritual: Licht)

Heut' ist dein Geburtstag
Elemente zur Gestaltung von Geburtstags-Ritualen

- **Geburtstagskerze:** Eine Geburtstagskerze leuchtet über die ganze Stunde / oder den ganzen Tag im Klassenzimmer. (Diese sollte sich deutlich von der Jesus-Kerze unterscheiden, eventuell eine Kugelkerze verwenden).

- **Wunschkreis:** Die Kinder versammeln sich um die Geburtstagskerze. Diese sollte auf einem größeren Teller/Tablett stehen, so dass um die Kerze etwas Platz frei ist. Jedes Kind bekommt einen bunten Glasstein. Reihum werden die Glassteine kreisförmig um die Kerze gelegt, wobei jedes Kind einen Wunsch für das Geburtstagskind ausspricht.

- **Geburtstags-Mandala:** Jedes Kind wählt einen Gegenstand (L hat evtl. eine Materialkiste mit kleinen, unterschiedlichen Dingen aus der Natur). Gemeinsam legen alle Kinder ihre Dinge so um die Geburtstagskerze, dass ein schönes Mandala für das Geburtstagskind entsteht. Dieses Mandala sollte an diesem Tag im Klassenzimmer des Kindes bleiben können.

- **Geburtstagskissen:** Das Geburtstagskind darf auf einem besonderen, weichen und großen Kissen im Kreis Platz nehmen.

- **Segenskreis:** Das Geburtstagskind darf in der Kreismitte Platz nehmen und sich vier Kinder auswählen. Es darf sich wünschen, welche Segnungshaltungen die vier Kinder einnehmen sollen. Beispiel: Die Hände schützend über das Geburtstagskind halten / die Hände auf die Schultern und den Kopf auflegen / einen Schutzkreis bilden. Gemeinsam wird ein Segenslied gesungen (Bsp.: ›Von allen Seiten‹ [**L 10.9**], **Lied 4 und 8**), wobei die Kinder im Außenkreis sich an den Händen oder Unterarmen fassen und einen Schutz bilden. Abschließend bekommt das Geburtstagskind eine ›Segensdusche‹: Die vier Kinder im Innenkreis streichen 3 mal gleichzeitig von Kopf bis zum Boden des Geburtstagskindes.

- **Kleine Geschenke:** Muscheln mit Murmel, Kleines Stoffsäckchen mit Edelstein, Karte mit Segenswunsch u.a.

- **Gedankengeschenke:** Das Geburtstagskind geht mit geöffneten Händen (einer Schale gleich) zu allen Kindern, die ein imaginäres Geschenk bereit haben. Beispiele: »Ich wünsche dir jeden Tag Sonne!« Das jeweilige Kind legt sein Geschenk gestisch in die Hände des Geburtstagskindes.

Nach: Religionspädagogische Praxis 2007/1, S. 49: ›Du bist ein Geschenk, Namenstags- oder Geburtstagsfeier‹

Feedback-Ritual mit Karten

Die folgenden Karten können den Kindern helfen, miteinander zu kommunizieren und einander direkte und ehrliche Rückmeldungen zu geben. Die Karten liegen dabei in der Mitte des Kreises und werden von dem Kind, welches an der Reihe ist, einzeln aufgehoben, vorgelesen und anschließend wieder in die Mitte zurückgelegt.

Die Karten werden großkopiert, ausgeschnitten und auf verschiedenfarbigen Tonkarton laminiert, wobei mit den Kindern abgesprochen werden kann, welche Gesichter und Texte zu welchen Farben passen. Alle Texte liegen in doppelter Ausführung vor, so dass eine Identifikation für beide Geschlechter möglich ist (Mädchen- und Jungenkarten).

»Ich habe mich gefreut, dass du ...«

»Ich habe eine Bitte an dich ...«

»Das möchte ich nicht mehr erleben ...«

»Ich möchte mich entschuldigen für ...«

 »Ich habe mich gefreut, dass du ...«

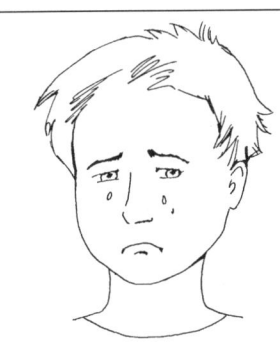 »Ich habe eine Bitte an dich ...«

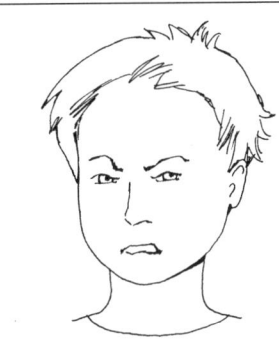 »Das möchte ich nicht mehr erleben ...«

 »Ich möchte mich entschuldigen für ...«

Regeln zur Verwendung der Karten:
1. Ruhe im Kreis
2. Hole höchstens zwei Karten pro Farbe, insgesamt nicht mehr als vier Karten!
3. Wenn du sprichst, achte auf folgende Regeln:
   – Gehe zu dem Kind, dem du etwas sagen möchtest, und schau es dabei an!
   – Sprich in ICH-Botschaften!
   – Teile deine GEFÜHLE mit! (»Das möchte ich nicht mehr erleben, denn das tut mir sehr weh ... macht mich wütend, traurig ...«) / Verwende keine Drohung oder Beschimpfung!
   – Fasse dich kurz!
4. Höre dein Feedback einfach ruhig an, verteidige dich nicht. Gelegenheit zum Gespräch gibt es, wenn nötig, nach der Übung, eventuell gemeinsam mit L.

(Nach der Idee von Anita Müller-Friese, RPI Karlsruhe)

Zehn Minuten Segenszeit

Gott segne Dich (Bildkärtchen für ein Segens-Ritual)

Gestaltungsidee: Die Kinder schneiden die Kärtchen aus (jeweils Text- und Leerseite vergrößert) und malen ein passendes Bild zu den Texten. Jeweils Text- und Bildseite werden gefaltet und Rücken an Rücken geklebt, so dass 14 Segenskarten entstehen. Für das Segens-Ritual werden die Kärtchen mit der Bildseite nach oben in die Mitte gelegt. Jedes Kind bekommt von einem anderen Kind einen Segen vorgelesen.

GOTT SEGNE DICH MIT DEM **MUT** DES BÄREN		GOTT SEGNE DICH MIT **GLÜCK**	
	GOTT SEGNE DICH MIT DER **WÄRME** DER SONNE		GOTT SEGNE DICH MIT DER **FRÖHLICHKEIT** DER BLUMEN
GOTT SEGNE DICH MIT SEINEM **FRIEDEN**		GOTT SEGNE DICH MIT DEM **FUNKELN** DER STERNE	
	GOTT SEGNE DICH MIT DEN **FARBEN** SEINES REGENBOGENS		GOTT SEGNE DICH MIT DER **KRAFT** DER BÄUME
GOTTES **ENGEL** MÖGEN UM DICH SEIN UND DICH BESCHÜTZEN		GOTT SEGNE DICH MIT DER **WEITE** DES HIMMELS	
	GOTT SEGNE DICH MIT DER **GEDULD** DER SCHNECKE		GOTT SEGNE DICH MIT DEN **FARBEN** DES SCHMETTERLINGS
GOTT SEGNE DICH MIT GUTER **HAND**		GOTT LASSE SEIN **LICHT** LEUCHTEN IN DEINEM HERZEN	

Wir sind wieder gut-Rituale

Intention ist es, dass sich die Kinder eines dieser Rituale auswählen und zur Wiedergutmachung im Schulalltag anwenden. Wichtig ist, solche Alltagsrituale im Kollegium abzusprechen und diese fächerübergreifend zu praktizieren.

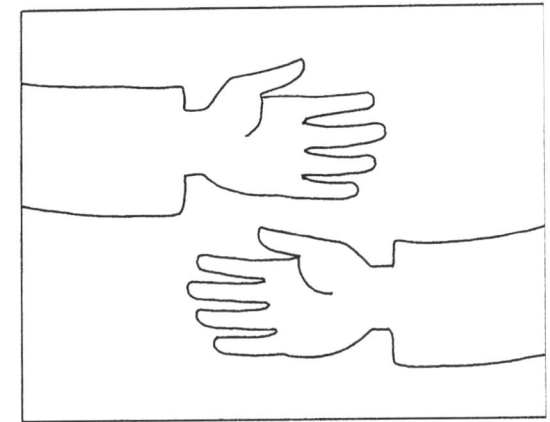

»Wir sind wieder gut!«

Ein Hand-zu-Hand-Abklatsch, der von den Kindern erfunden und mit den Worten »Wir sind wieder gut!« rhythmisch begleitet wird. (Ideen hierfür können von den großen Jungs abgeguckt werden, die einander mit Hand- und Faustkontaktgesten begrüßen.)

Friede sei mit uns

Dieses Ritual wird mit allen Kindern der Klasse eingeübt, dabei stehen sich jeweils zwei Kinder gegenüber und sprechen die einzelnen Sätze gleichzeitig (dieses Ritual ist auch in die UE ›Josef‹ integriert und entstammt der »Arbeitshilfe Religion Grundschule«, 1. Schuljahr, Calwer Verlag, Stuttgart 1993):

»Friede sei mit mir«
Beide Hände werden auf der Brust über dem Herzen verschränkt.
»Friede sei mit dir«
Die rechte Hand wird auf die Schulter des gegenüber stehenden Kindes gelegt.
»Friede sei mit uns«
Die Handflächen der Kinder treffen sich in der Mitte.
»Friede sei mit allen«
Die Arme werden weit nach oben geöffnet, die Kinder drehen sich 1x um sich selbst.

Memorierspruch: ›Miteinander!‹

Zum Einüben bilden die Kinder einen Innen- und einen Außenkreis und stehen sich paarweise gegenüber. Die Kinder entwickeln einen Rhythmus zu diesem Reim anhand von Klanggesten. (Dabei werden den Kindern bekannte ›Klatsch-Reime‹ in Erinnerung gerufen.)
Kann sich die Klasse auf eine rhythmische Variation einigen, wandern die Kinder des Innenkreises in eine Richtung weiter und haben dadurch immer ein neues Partnerkind, um den Reim aufs Neue zu erproben.

**»Miteinander, miteinander, miteinander sprechen,
ist besser als, ist besser als, ist besser als verdreschen!«**

**»Meine Hände, deine Hände, unsre Hände heilen,
lasst uns einfach hier und jetzt eine Weil' verweilen.«**

Siehe ›Miteinander sprechen ist besser als verdreschen‹ (**LB 8.3**; in: Arbeitshilfe Religion Grundschule, 1. Schuljahr, Calwer Verlag, Stuttgart 1993, S. 156).

Wiedergutmach-Sätze
- Ich möchte wieder deine Freundin / dein Freund sein.
- Ich möchte so gerne wieder mit dir spielen.
- Sind wir wieder gut?
- Du hast ja Recht.
- Es tut mir leid.
- Ich hab dich lieb.

Ritual ›Segen für die Schöpfung‹

Bitte während der Ausführung auf die Klarheit der einzelnen Körperhaltungen der Kinder achten!

Gott segne ...

1. ... den Himmel

2. ... die Erde

3. ... den Wind

4. ... das Wasser

5. ... die Blumen

6. ... die Bäume

7. ... die Tiere in der Luft

8 ... und auf der Erde und im Wasser

9. ... die Menschen

Nach einer Idee von Elke Kragh, Yoga in der Schule, AOL Verlag, Buxtehude.

Lieder

L 1   He, du! Hallo, du

L 2   Ich bin da

L 3   Dass die Liebe Gottes mit uns ist

L 4   Friede wünsch ich dir (Kanon)

L 5   1, 2, 3, im Sauseschritt

L 6   Kopf und Schulter

L 7   Du bist immer da

L 8   Vom Anfang bis zum Ende

L 9   Gib uns Ohren, die hören

L 10   Wir reichen uns die Hände

L 11   Gottes Liebe ist so wunderbar

L 12   Ho-Ho-Hosianna

L 13   Das Lied von den Gefühlen

L 14   Sei einmal ganz leis

L 15   Ruhig werden, stille werde, einfach bei mir sein

L 16   Segne uns mit der Weite des Himmels

Bewegungs- und Berührungsideen für Segenstexte und -lieder:

Die Kinder segnen einander zu zweit, in Kleingruppen oder im großen Sitz- oder Stehkreis, jeweils einander zuge-wandt (frontal oder den Rücken dem Partnerkind zugewandt).
Vorsicht: Nähe und Körperkontaktideen werden von jedem Kind selbst bestimmt!

Segenregen: Beide Hände lassen den Segen von oben ›regnen‹ (mit oder ohne Direktberührung).

Ich bin gesegnet: Beide Hände berühren das eigene Herz.

Friedenssegen: Beide Hände legen sich behutsam auf die Schultern, den Rücken oder das Herz des Partnerkindes.

Herzenssegen: Eine Hand ruht auf dem eigenen Herzen, während die andere auf dem Rücken oder der Schulter des Partnerkindes liegt.

Leuchte-Hände: Beide Hände ›strahlen‹ den Segen aus (über dem Kopf des Partnerkindes oder auf dem Rücken, frontal zu den anderen Kindern hin).

Körperhaus-Segen: Beide Hände streichen über den eigenen Kopf, Körper bis hinab zu den Füßen.

›Segensdusche‹: Ein Kind sitzt in der Mitte der Kleingruppe und bekommt eine behutsame ›Segensdusche‹: Die Hände aller Kinder gleiten langsam vom Scheitelpunkt des Kindes bis hinab zur Erde und bringen anschließend ›frischen Wind‹ vom Boden herauf zum Himmel hoch (ohne das Kind zu berühren).

He, du! Hallo, du

1. He, du! Hal-lo, du! Ich geh auf dich zu und la - de dich ein, und schon gehn wir nicht al - lein. Es ist

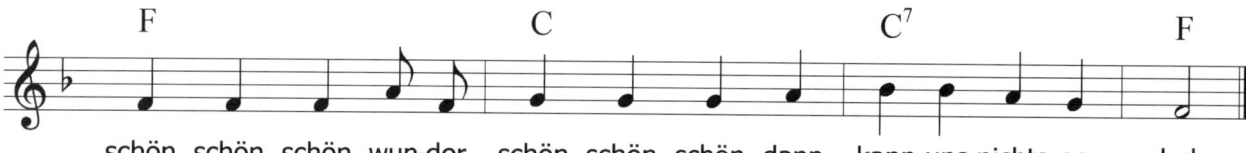

schön, schön, schön, wun-der - schön, schön, schön, wenn wir zu-sam-men gehn. Es ist

schön, schön, schön, wun-der - schön, schön, schön, dann kann uns nichts ge - schehn.

2. He, du! Hallo, du!
Ich geh auf euch zu
und lade euch ein,
und schon gehn wir nicht allein.
Es ist schön, ...

3. He, du! Hallo, du!
So geht's bei uns zu.
Wir laden euch ein,
und schon gehn wir nicht allein.
Es ist schön, ...

Bewegungsempfehlung

Kreisaufstellung, jeweils zwei oder mehrere Kinder einander zugewandt (mit ca. einem Schritt Abstand voneinander).

He du (...), hallo du (...)	Bei »du« aufeinander zeigen, anschließend jeweils 2 x klatschen
Ich geh auf dich zu ...	Einen Schritt aufeinander zu machen, 2 x klatschen
Ich lade dich ein (...)	Beide Hände einladend öffnen, 2 x klatschen
Und schon gehn wir ...	Einander an den Händen fassen (umarmen)
Es ist schön, schön, ...	Klatschen, tanzen, untergehakt im Raum hüpfen (und andere Ideen der Kinder aufnehmen)

Text: Rolf Krenzer; Melodie: Peter Janssens; alle Rechte im Peter Janssens Musikverlag, Telgte-Westfalen

Ich bin da

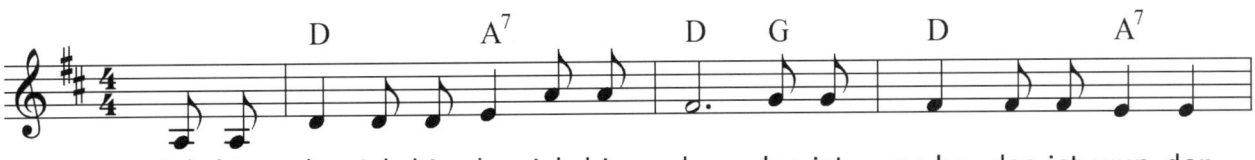

Ich bin da, ich bin da, ich bin da, das ist wahr, das ist wun-der-

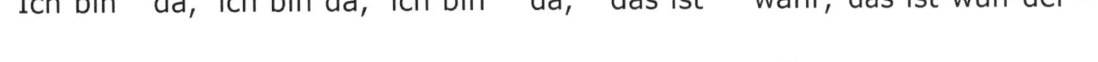

bar. Nicht da o-ben, nicht da un-ten, nicht da vor-ne, nicht da-hin-ten.

Nicht da - ne-ben, son-dern da,_____ das ist wun-der - bar.

2. Ich bin da, ich bin da, ich bin da,
das ist wahr, das ist wunderbar.
Mit dem Kopfe, mit den Füßen,
mit den Händen zu begrüßen.
Mit dem Herzen bin ich da,
das ist wunderbar.

3. Ich bin da, ich bin da, ich bin da,
das ist wahr, das ist wunderbar.
Um zu hören, um zu sehen,
um zu riechen, um zu schmecken.
Um zu rufen, ich bin da,
das ist wunderbar.

Bewegungsempfehlung

Im Kreis oder jedes Kind für sich am Platz.

3 x Ich bin da ... das ist wahr ... wunderbar
1 x mit dem rechten Fuß / 1 x mit dem linken Fuß / 1 x mit beiden Füßen aufstampfen.
Im Takt des Liedes weiterhüpfen und bei ›wunderbar‹ einen großen Kreis mit beiden Armen beschreiben.

Nicht da oben ... unten ... vorne ... dahinten ... daneben ...
Jeweils mit beiden Zeigefingern und gestreckten Armen deutlich in die jeweilige Richtung weisen.

Sondern da ... das ist wunderbar
Einmal mit beiden Füßen aufstampfen und mit erhobenen Armen eine langsame Drehung um sich selbst.

Idee zur Texterweiterung:
Gott ist da, Gott ist da ... wunderbar.
Wenn ich lache, wenn ich weine, wenn ich singe, wenn ich springe ...

Text und Melodie: Hanni Neubauer. Aus: Religionspädagogische Praxis. Die Zeitschrift für eine ganzheitliche, sinnorientierte Pädagogik, Jg. 1999, Nr. II, S. 36. © RPA-Verlag, Landshut.

Dass die Liebe Gottes mit uns ist

G
Dass die Lie - be Got - tes mit uns ist
Nko - si si - ke lel i A - fri - ka.

G ... **C** ... **G** ... **D**
und dass wir im Frie - den un - sern Weg ziehn,
Ma - lu pha - kan yisw up - hon - do lwa yo.

Em ... **D7 G** ... **D C G** ... **Am G**
dass wir Freun - de fin - den in der Not: A - men,
Yi - va i - mi - than - da - zo ye - thu. Nko - si

D ... **Em** ... **Am G** ... **D** ... **G**
seg - ne uns, Gott. A - men, seg - ne uns, Gott.
si - ke - le - la, nko - si si - ke - le - la.

2. Dass die Freude Gottes mit uns ist
und dass wir in Freiheit unsern Weg ziehn,
dass wir andern helfen in der Not:
Amen, segne uns, Gott.
Amen, segne uns, Gott.

3. Dass der Segen Gottes mit uns ist
und dass unsre Kirche* ihren Weg zieht,
dass wir zueinander stehn in der Not:
Amen, segne uns, Gott.
Amen, segne uns, Gott.

* Kirche / Schule / Kindergarten

Bewegungsempfehlung

Kreisaufstellung

Dass die Liebe Gottes mit uns ist ...
Die Arme weit über dem Kopf öffnen und zu beiden Seiten weiten bis zu beiden Händen der Nachbarkinder.

Und dass wir im Frieden unsern Weg ziehn ...
Alle Kinder fassen sich an den Händen und schreiten nach rechts im Kreis.

Amen
Alle Hände öffnen sich zur Mitte hin.

Segne uns Gott
Die Arme vor der Brust kreuzen (und sich verneigen).

Originaltext und Musik: Enoch Sontonga; Deutscher Text: Eckhart Bücken; Musikalische Bearbeitung: Reinhard Horn. Aus Buch/CD: »Welt-Segenslieder für Kinder«, © Kontakte Musikverlag, 59557 Lippstadt

Friede wünsch ich dir (Kanon)

Frie - de wünsch' ich Dir___ und Frie - de wünsch' ich mir.

Frie - de mit uns al - len, mit al - len Men-schen hier.

Bewegungsempfehlung

Kreisaufstellung, jeweils zwei Kinder einander zugewandt.

Friede wünsch' ich Dir
Beide Arme weit über dem Kopf öffnen und die beiden Handflächen auf die des Nachbarkindes legen.

Und Friede wünsch' ich mir
Beide Handflächen legen sich auf das eigene Herz.

Friede mit uns allen und allen Menschen hier
Alle Kinder wenden sich zur Kreismitte und öffnen erneut die Arme weit über dem Kopf, die Arme werden behutsam auf die Schultern der Nachbarkinder gelegt.

Variante: Die linke Hand wird auf das eigene Herz, die rechte Hand auf die Schulter des Nachbarkindes gelegt.

Text: Mündlich überliefert; Musik: Reinhard Horn. Aus: Buch/CD »Welt-Segenslieder für Kinder«, © Kontakte Musikverlag, 59557 Lippstadt.

1, 2, 3, im Sauseschritt

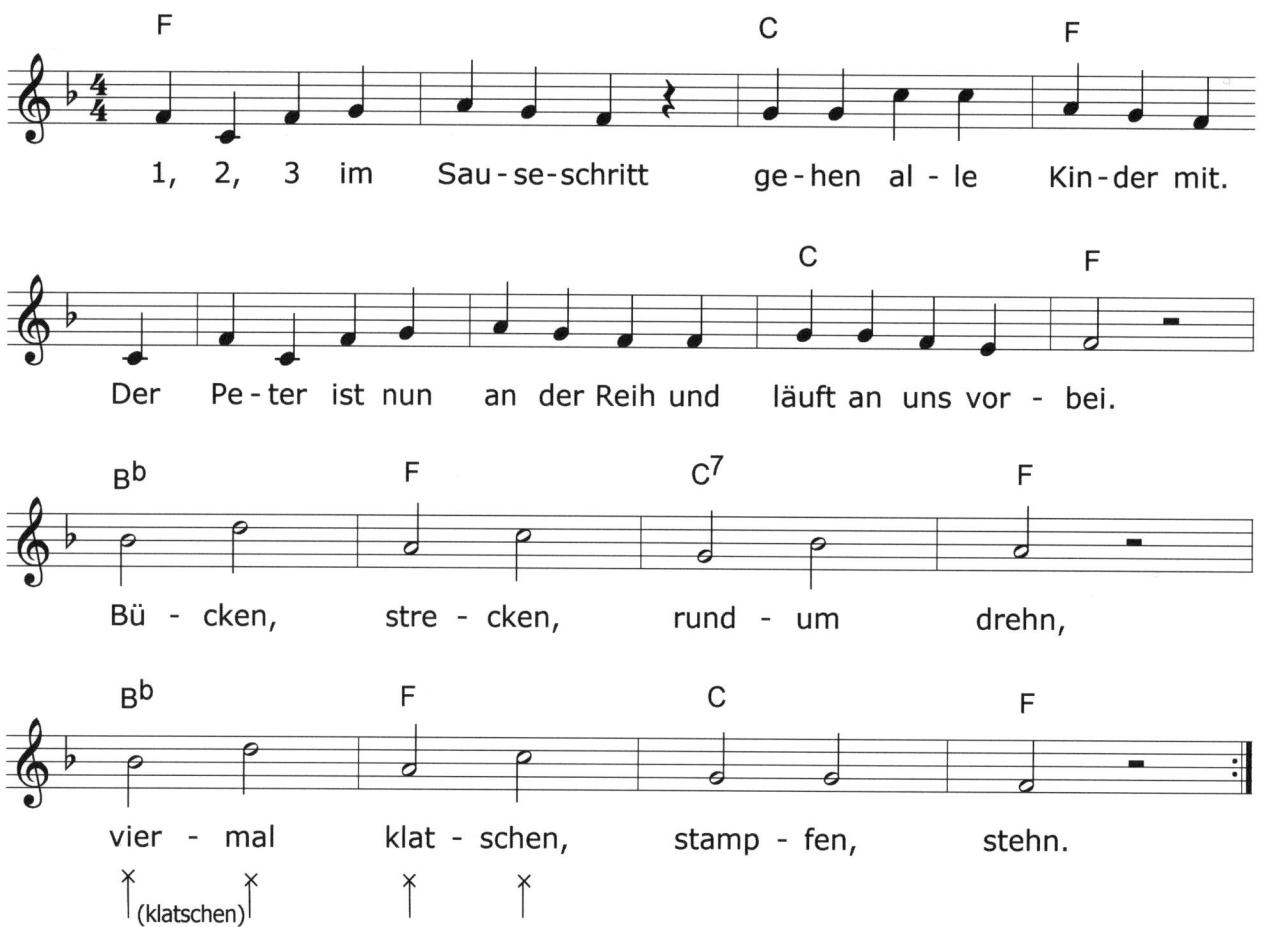

1, 2, 3 im Sau - se - schritt ge - hen al - le Kin - der mit.

Der Pe - ter ist nun an der Reih und läuft an uns vor - bei.

Bü - cken, stre - cken, rund - um drehn,

vier - mal klat - schen, stamp - fen, stehn.

(klatschen)

Bewegungsempfehlung

Kreisaufstellung

1, 2, 3 im Sauseschritt ...
Alle Kinder fassen sich an den Händen und ›rennen‹ in kleinen Schritten nach rechts.

Die / der ... (Name eines Kindes, Bsp.: Jana) ... ist jetzt an der Reih' ...
Alle Kinder bleiben stehen, Jana löst sich aus dem Kreis und umrundet diesen.

Bücken, Strecken ...
Alle Kinder im Kreis führen diese Bewegungen aus, bis Jana wieder an ihrem Platz angekommen ist. Nun beginnt das Ganze wieder von vorn, bis alle Kinder den Kreis umrundet haben.

Text: Lore Kleikamp; Musik: Detlev Jöcker. Aus: 1, 2, 3 im Sauseschritt. Alle Rechte im Menschenkinder Verlag und Vertrieb GmbH, 48157 Münster

Kopf und Schulter

1. Kopf und Schul - ter, Kni - e, Ze-hen, Kni - e, Ze-hen, Kni - e, Ze-hen.
2. Ich und du und wir sind da und ich bin da und du bist da und
3. Ich bin da und du bist da und wir sind da und Gott ist da und

Kopf und Schul - ter, Kni - e, Ze - hen, Au - gen, Oh - ren,
ich und du und wir sind da und ich bin da und
ich bin da und du bist da und wir sind da und

Na - se, Mund: Al - les ist jetzt da.
du bist da. Al - le sind wir da.
Gott ist da: Al - le sind wir da.

2. Ich und du und wir sind da und
ich bin da und du bist da
und ich und du und
wir sind da und ich bin da und du bist da:
Alle sind wir da.

3. Ich bin da und du bist da und
wir sind da und Gott ist da und
ich bin da und
du bist da und wir sind da und Gott ist da:
Alle sind wir da.

Bewegungsempfehlung

Kreisaufstellung oder einzeln stehend am eigenen Platz.

Kopf und Schulter ...
Die Kinder berühren synchron zum Text mit beiden Händen die benannten Körperregionen.

Alles ist jetzt ...
Beide Hände streichen von den Zehen angefangen hinauf zum Kopf.

Da.
1 x laut klatschen oder 1x laut mit beiden Füßen aufstampfen (oder beides synchron).

Text 1. Strophe und Melodie: Überliefert aus der ehemaligen ČSSR.
Text: Strophe 2 und 3, sowie die letzten beiden Takte: Thomas Brunnhuber

Du bist immer da

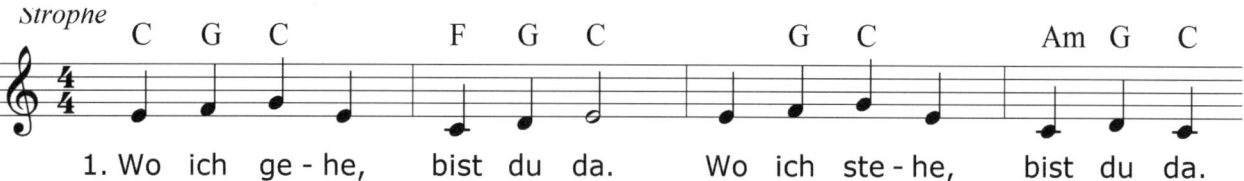

Strophe

C   G   C   F   G   C   G   C   Am G   C

1. Wo ich ge-he, bist du da. Wo ich ste-he, bist du da.

Refrain

F   G   Em   Am   Dm   G

Du bist o-ben im Him-mel, bist un-ten auf der Er-de. Wo-hin ich mich wen-de, du

C   G   F   G   C

bist an je-dem En-de. Du bist im-mer da.

2. Wo ich sitze, bist du da.
   Wo ich liege, bist du da.

3. Wenn's mir gut geht, bist du da.
   Wenn's mir schlecht geht, bist du da.

4. In der Schule bist du da.
   Auch zu Hause bist du da.

5. Wenn ich spiele, bist du da.
   Bei der Arbeit, bist du da.

Bewegungsempfehlung

Kreisaufstellung oder stehend am eigenen Platz.

Wo ich gehe, ... wo ich stehe bist du da ...

Gehbewegungen, dann ein kurzer Sprung und mit beiden Händen zum Boden weisend.

Du bist oben im Himmel, bist unten auf der Erde

Beide Arme nach oben strecken, auf Zehenspitzen, dann zur Erde knien mit beiden Handflächen auf dem Boden.

Wohin ich mich wende ...

Eine langsame Umdrehung um sich selbst mit geöffneten Armen.

Du bist an jedem Ende

Die linke Hand öffnet sich nach links, die rechte Hand nach rechts, Kopfdrehung und Blick folgen jeweils.

Du bist immer da

Hände öffnen sich nach oben, beschreiben einen großen Kreis und legen sich abschließend auf das Herz.

Die Kinder entwickeln weitere Bewegungstexte
Beispiele: Wenn ich tauche (schreibe, lese, spiele, kicke ...), bist du da,
            wenn ich schwimme (...), bist du da.

Text: Helga Storkenmaier nach Psalm 139; Musik: Detlev Jöcker. Aus: »Danke, danke, für die Sonne«. © Menschenkinder Verlag und Vertrieb GmbH, 48157 Münster

Vom Anfang bis zum Ende

Bewegungsempfehlung

Zwei Kinder einander gegenüber stehend

Text und Melodie: Daniel Kallauch, © 1994 cap-musik, 72213 Altensteig

Gib uns Ohren, die hören

Gib uns Oh - ren, die hö - ren, und Au - gen, die sehn,

und ein wei - tes Herz, an - dre zu ver - stehn.

Gott, gib uns Mut, uns - re We - ge zu gehn.

Bewegungsempfehlung

Kreisaufstellung

Gib uns Ohren ... Die Hände hinter die Ohren legen.

Augen ... Die Hände über die Augen halten.

Weites Herz ... Beide Hände auf das Herz legen und wie Blüten öffnen.

Andere zu verstehn Die Hände der Nachbarkinder fassen.

Gott, gib uns Mut Im Kreis gehen, linke Hand auf das Herz, rechte nach oben geöffnet.

Text und Kanon für 3 Stimmen: Berndt Schlaudt. Rechte beim Autor

Nach dem Spiritual »Rock my soul«; deutsche Fassung mündlich überliefert. Aus: »Feiert Gott in eurer Mitte«

Wir reichen uns die Hände

Bewegungsempfehlung

Die Kinder sitzen im Kreis und halten einander an den Händen.
Der Blicke sind ggf. auf eine gestaltete Mitte (Kerze o.A.) gerichtet.

Text und Melodie: Franz Kett. Aus: Religionspädagogische Praxis, Handreichung für elementare Religionspädagogik, Jg. 1986, Nr. II, S. 52 »Wie wunderbar«. Alle Rechte im RPA-Verlag, Landshut

Gottes Liebe ist so wunderbar

1. Got-tes Lie-be_ ist_ so wun-der-bar, Got-tes Lie-be_ ist_ so wun-der-bar,
Rock my soul in the bos-om of A-bra-ham, rock my soul in the bos-om of A-bra-ham,

Got-tes Lie-be_ ist_ so wun-der-bar, so wun-der-bar groß.
rock my soul in the bos-om of A-bra-ham, oh rock-a my soul!

So hoch,_ was kann hö-her sein; so tief,_ was kann tie-fer sein;
So high, you can't get o-ver it; so low, you can't get un-der it;

so weit,_ was kann wei-ter sein? So wun-der-bar groß!
so wide, you can't get_ a-round; oh rock-a my soul!

2. Gottes Güte ist so wunderbar ...

3. Gottes Gnade ist so wunderbar ...

4. Gottes Treue ist so wunderbar ...

5. Gottes Hilfe ist so wunderbar ...

Bewegungsempfehlung

Die Kinder sind im Raum verteilt oder Kreisaufstellung

Gottes Liebe ist so wunderbar ...
Die Kinder tanzen (hüpfen ...) frei im Raum.

so wunderbar groß
An einem Platz zum stehen kommen und mit beiden Armen einen großen Kreis beschreiben.

so hoch ...   Auf Zehenspitzen stehend beide Arme weit Richtung Himmel strecken.

so tief ...   Auf den Boden kauern, die Handflächen flach aufliegend.

so weit ...   Beide Arme in die Weite dehnend.

so wunderbar groß   s.o.

Nach dem Spiritual »Rock my soul«; deutsche Fassung mündlich überliefert

Ho-Ho-Hosianna

Ho-Ho-Ho-si - an— na!_   Ha-Ha-Hal-le - lu - ja!_

Hi - Hi - Hi-Hier   ste-he ich,_   denn Gott liebt mich   sehr!

Bewegungsempfehlung

Kinder im Raum verteilt oder Kreisaufstellung.

Ho-Ho-Hosianna
Die Kinder beginnen tief in der Hocke (Froschsitz) klatschen den Takt mit den Händen auf den Boden und wippen dabei mit dem Po.

Ha-Ha-Halleluja
Die Kinder kommen in ›halbe Höhe‹ (mit gebeugten Knien) und Klatschen den Takt.

Hi-Hi-Hi-Hier stehe ich
Die Kinder hüpfen den Takt und springen bei »ich« mit beiden Füßen fest auf den Boden.

Und Gott hat mich lieb
Beide Arme beschreiben einen großen Kreis, der mit den Händen auf dem Herzen abschließt.

Text und Melodie: Unbekannt

Das Lied von den Gefühlen

Wenn ich glück - lich bin, weißt du was?

Ja, dann hüpf ich wie ein Laub - frosch durch das Gras.

Sol - che Sa - chen kom - men mir so in den Sinn,

wenn ich glück - lich bin, glück - lich bin.

2. Wenn ich wütend bin, sag ich dir,
ja dann stampf und brüll ich wie ein wilder Stier.
Solche Sachen kommen mir so in den Sinn,
wenn ich wütend bin, wütend bin.

3. Wenn ich albern bin, fällt mir ein,
ja dann quiek ich manchmal wie ein kleines Schwein.
Solche Sachen kommen mir so in den Sinn,
wenn ich albern bin, albern bin.

4. Wenn ich traurig bin, stell dir vor,
ja dann heul ich wie ein Hofhund vor dem Tor.
Solche Sachen kommen mir so in den Sinn,
wenn ich traurig bin, traurig bin.

5. Wenn ich fröhlich bin, hör mal zu,
ja dann pfeif ich wie ein bunter Kakadu.
Solche Sachen kommen mir so in den Sinn,
wenn ich fröhlich bin, fröhlich bin.

CD von Klaus Hoffmann, »Lass uns kuscheln«. 19 gefühlvolle Lieder

Sei einmal ganz leis

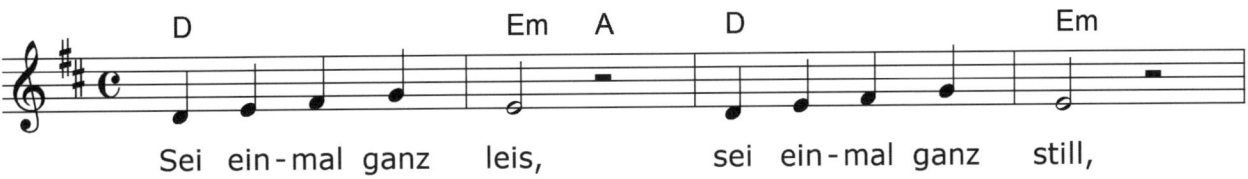

Sei ein-mal ganz leis, sei ein-mal ganz still,

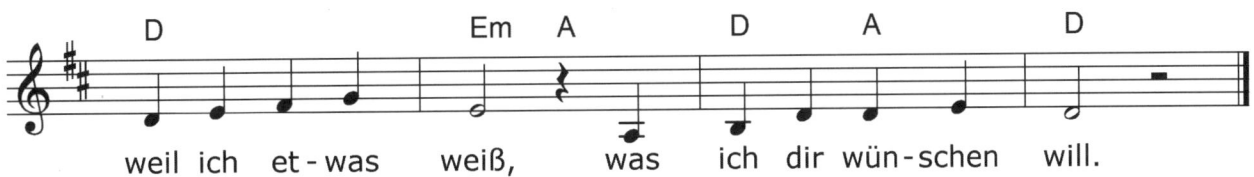

weil ich et-was weiß, was ich dir wün-schen will.

Bewegungsempfehlung

Alle Kinder sitzen im Kreis.

Anfangsgeste: Alle Handflächen ›schauen‹ zur Mitte.

Sei einmal ganz leis   Beide Hände senken sich von oben langsam auf die Schenkel.

Sei einmal ganz still   Beide Handflächen begegnen sich vor der Körpermitte.

Weil ich etwas weiß   Beide Hände legen sich auf das Herz.

Was ich dir wünschen will. Beide Hände öffnen weit vor dem Körper.

Text und Musik: Herbert Adam. © Alle Rechte beim Autor

Ruhig werden, stille werden, einfach bei mir sein

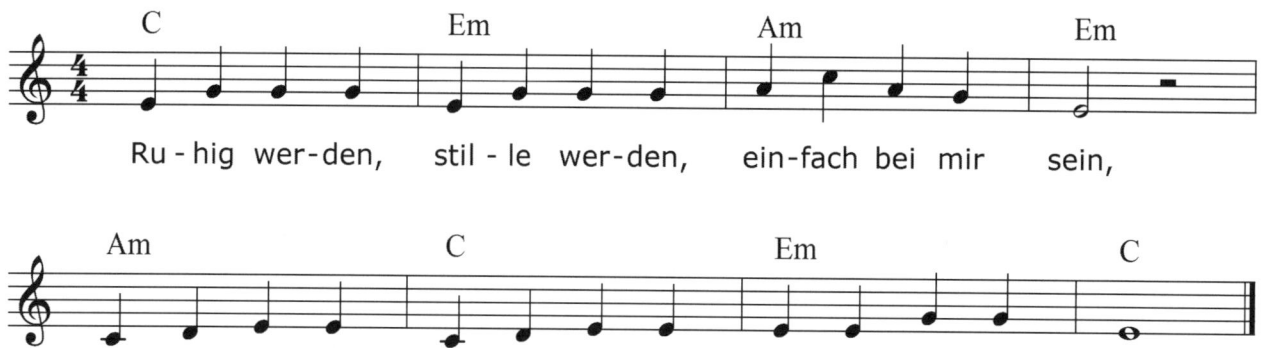

Ru - hig wer-den, stil - le wer-den, ein-fach bei mir sein,

ganz bei mir in mei - ner Mit - te, ich für mich al - lein.

Bewegungsempfehlung

Kreisaufstellung oder am eigenen Platz sitzend.

Ruhig werden	Die rechte Hand wie eine offene Schale vor den Körper halten.
Stille werden	Die linke Hand legt sich offen in die rechte Hand.
Einfach bei mir sein	Beide Hände legen sich auf das Herz.
Ganz bei mir in meiner Mitte	Beide Hände ›wärmen‹ das Herz mit kreisender Bewegung.
Ich für mich allein	Die Hände liegen still auf dem Herzen.

Anmerkung: Während der letzten beiden Bewegungsimpulse können die Kinder die Augen schließen.

Text und Melodie: Franz Kett. Aus: Religionspädagogische Praxis. Die Zeitschrift für eine ganzheitliche, sinnorientierte Pädagogik, Jg. 1995, Nr. II, S. 18. © RPA-Verlag, Landshut

Segne uns mit der Weite des Himmels

1. Seg - ne uns mit der Wei - te des Him - mels,
2. Seg - ne uns mit dem Rau - schen der Wäl - der,
3. Seg - ne uns mit den Träu - men der Kin - der,

seg - ne uns mit der Wär - me der Son - ne,
seg - ne uns mit der Ern - te der Fel - der,
seg - ne uns mit der Lie - be der El - tern,

seg - ne uns mit der Fri - sche___ des Was - sers,
seg - ne uns mit der Kraft_____ der Tie - re,
seg - ne uns mit den Ge - schich - ten___ der Al - ten,

1.-3. himm - li - scher Va - ter, seg - ne uns. Seg - ne, Va - ter,

tau - send Ster - ne, seg - ne, Va - ter, uns - re Er - de, seg - ne,

Va - ter, Meer und Land, seg - ne, Va - ter, Herz und Hand.

Bewegungsempfehlung

Dieses Lied eignet sich bestens für die eigene Ideen-Entwicklung der Kinder.
(Siehe Eingangstext **Bewegungs- und Berührungsideen** zu Beginn dieses Liedanhangs.)

Text: Kinderkirchentags-Team; Musik: Peter Janssens. Aus: »Kurs: Gottes Erde« (1985), © Peter Janssens Musikverlag, Telgte-Westfalen

Mark Rothko, Ohne Titel, 1955, © Kate Rothko-Prizel & Christopher Rothko / VG Bild-Kunst, Bonn 2008.

Robert Delaunay, Formes circulaires, Soleil et Lune, 1912/1913, Foto: Artothek.